自治体の
企画政策担当
になったら読む本

黒澤重徳[著]

学陽書房

はじめに

「黒澤くん、異動。キカクでカカリチョウに昇格だ。おめでとう」
「は？？？」

　本書を手に取ってくださった皆さんは、企画政策担当に異動したばかりの方でしょうか。あるいは、すでに企画政策担当として、日々奮闘されている方もいるでしょう。皆さんは、企画政策担当への異動が決まったとき、どんなことを思ったか、覚えているでしょうか。

　課長から企画政策担当への異動を告げられた私の口から、思わず出てきた言葉が「は？？？」でした。そろそろ異動かなと思ってはいたものの、「キカクでカカリチョウ」があまりにも想定外で課長が何を言っているのか、脳が変換できなかったのです。生活保護のケースワーカーを3年、防災課に5年と現場色の強い部署で8年間働いていたこともあり、あまりにも毛色の違う企画政策担当への異動はまさに青天の霹靂でした。

　企画政策担当の仕事は、他部署からは、よくわかりません。人事・財政等と並んで、「花形部門」あるいは「出世コース」と言われることも多い部署の一つではあるものの、私自身も異動を命じられたとき、何をやっている部署なのかほとんど理解していませんでした。しかし、その後、係長・特命担当課長・課長と10年間に渡って企画政策担当を務める中で、仕事の特性が見えてきました。

①マニュアルも正解もなく、雲をつかむような仕事が多い
②突然初めての仕事が降ってきて、短期間で仕上げなければならない
③首長・議員・他部署との距離感が難しい

　企画政策担当はこうした悩みや不安を常に抱えながら業務にあたらなければならない特性があるのです。本書は、こうした悩みを持つ担当者に向け、実務のポイントをわかりやすく伝えることを心がけました。これらの悩み・不安は、異動して間もない頃はもちろん、数年経っても解

消されることはなく、まさに「習うより慣れよ」の状況で、試行錯誤の日々を過ごす場合がほとんどです。

　その要因の一つには、財政・会計・議会をはじめ、他部署の業務にはさまざまな解説書・実務書があるにもかかわらず、企画政策担当に向けた書籍は皆無に等しいことが挙げられます。私自身も内示の直後には「参考書はなさそうなので、取り急ぎ買うのはスーツだ」と思ったくらいです。

　確かに、企画政策担当の仕事は、マニュアル化することはできません。しかし、**企画政策担当の現場での実践経験から身につけた「実践知」を共有する**ことができれば、きっと全国各地の自治体で奮闘する多くの企画政策担当の役に立てるはず——。それが、本書のねらいです。

　そこで本書は、私の10年間に渡る企画政策担当としての経験をもとに、**綺麗事を語るのではなく、実際の現場での具体的な対処法を解説**しました。実務において不可欠なマインドセットやスキル、ノウハウを紹介しています。

　企画政策担当の仕事は、一筋縄ではいきません。苦労も試練もあるでしょう。しかし、それらの困難に立ち向かった先には、3つの醍醐味が皆さんを待っているでしょう。

①自治体の「意思決定プロセス」に携わることができる
②組織全体を俯瞰する「全体最適」の視点が身につく
③努力次第で、他部署に比べて「倍速」で成長できる

　本書が、皆さんのお役に立てますように。そして、「企画政策担当の仕事は面白い！」と思っていただけることを願っています。

　なお、本書で記載されている内容は、あくまでも著者の見解であり、著者の所属する団体の見解ではないことを申し添えます。

　2024年4月

黒澤　重徳

第3章 企画政策担当の仕事術

第4章 総合調整のテクニック

第5章 庁議の運営

第6章 横断的課題・特命事項等への対応

第7章 行政評価のポイント

第8章 総合計画の策定

第9章 市民参加の手法

第 1 章

企画政策担当の
仕事へようこそ

1｜1 ◎…企画政策担当の仕事って？

▶▶▶ 中枢でしか味わうことのできない醍醐味

　企画政策担当は、組織の中枢としてどこの自治体にも必ず置かれている部署です。「企画政策課」「企画経営課」「政策経営課」「企画課」など自治体によって名称はさまざまですが、庁内では**「キカク」「セイサク」**などの略称で呼ばれています。

　他部署からは、「企画といっても何を企画しているのかよくわからない」「首長の意向を伝える伝書鳩」「何かあるとやたらと調査ものを投げてくる」といったネガティブなイメージを持たれているかもしれません。どこか近寄りがたく、ときに疎まれる存在ともいえるでしょう。私も自分が異動で着任するまではこのようなイメージを持っていましたし、着任してからも、私が姿を見せただけで露骨に嫌な顔をする管理職もいました。「あ、企画がまた何か厄介ごとを持ってきたな」と顔に書いてあるのです。

　実際には、企画政策担当の所管は多岐に渡り、各自治体によってさまざまな固有の事務を所管しています。大変そうなイメージがあるかもしれません。しかし、恐れることはありません。感覚として、1年目は勝手もわからないままあっという間に過ぎ去りますが、2年目からは1年間のペースがつかめ、少しずつ余裕が生まれてくるはずです。大変なことも、辛いことも、悩むことも多い仕事ですが、自治体の中枢でしか味わうことのできない醍醐味が皆さんを待っています。

　一担当者であっても、**触れる情報量は管理職以上**です。係長以上になれば、さらに扱う情報の量は増え、庁議メンバー以上です。家族にも話せないようなセンシティブな情報に触れ、悩むこともあるでしょう。首

長に非常に近い部署ですから、ときに「政治」の裏側を垣間見たり、国や都道府県とのシビアな交渉の場に身を置いたりすることもあります。自治体の意思決定プロセスのど真ん中に関わり、皆さんの判断や進言がときに首長を動かします。大きな責任も伴いますが、これほどやりがいのある仕事はなかなかありません。また、他部署とのさまざまな調整を通じて自治体の仕事の全体像を俯瞰することができるため、ここでの経験は**今後の公務員人生の大きな糧**となるでしょう。

▶▶ 仕事のメインは「庁内の総合調整」

図表1は、東京都の23区・26市の例規類集から「企画政策担当」にあたる部署の所掌事務を抜き出し、テキストマイニング（大量の文章データから、自然言語解析を用いて文章を単語ごとに分割し、出現頻度や相関関係を分析すること）したものです。

図表1　企画政策担当の所掌事務テキストマイニング

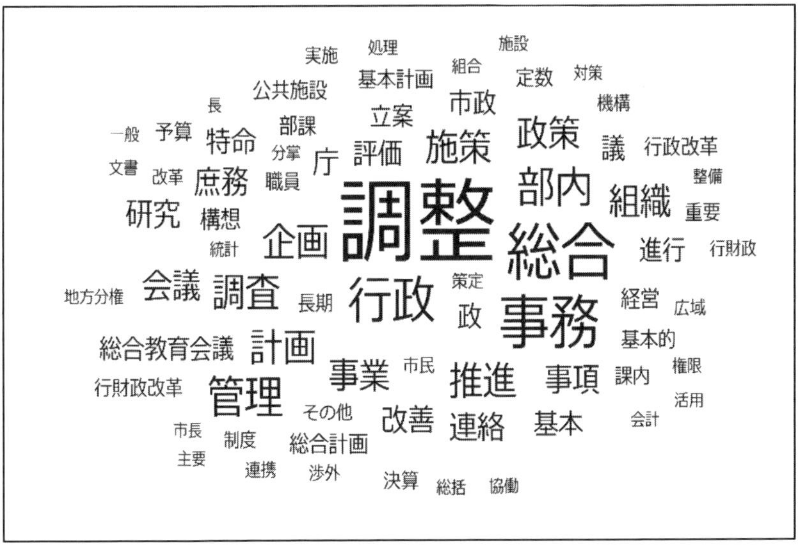

これを見ると一目瞭然、**最も出現頻度が高かった単語は「調整」**です。実際に私が10年間在籍していた中でも、体感的に最も多くの時間を

費やしたのは、「企画」ではなく「庁内の総合調整」でした。新年度の目玉事業や首長の選挙公約、どこの自治体にもある「1丁目1番地」の政策など、そうした**重要施策の総合調整を担うのが企画政策担当**です。

　その他の目立つ単語から、多くの自治体の企画政策担当が「政策・施策の推進」「政策・施策の調査研究」「総合計画・基本計画」「特命事項」「庁議」「事業の進行管理」「行政評価」「事務改善」「行政改革・行財政改革」「総合教育会議」「公共施設（マネジメント）」「地方分権」といったあらゆる事務を所掌していることが見えてきます。規模の大きな自治体では「行政改革」や「公共施設マネジメント」などを専門に担当する別の課が組織されていることもあるでしょう。

▶▶ 事務分掌で見る企画政策担当の仕事

　続いて、参考までに人口（令和2年国勢調査による）規模別（30万人、10万人、5万人）に3つの自治体の事務分掌を見てみましょう。なお、各自治体が公開している例規類集から引用したものであり、実際には係や担当単位で所掌が分かれているはずです。

①兵庫県明石市　政策局　企画・調整室（人口303,601人）

(1)　SDGsの推進に関すること。

(2)　総合計画及び明石市まち・ひと・しごと創生総合戦略の推進に関すること。

(3)　予算編成、組織、職員配置の方針策定に関すること。

(4)　重要施策の企画調整及び広域都市行政に関すること。

(5)　市役所新庁舎の建設に関すること。

(6)　重要な開発事業に関すること。

(7)　都市計画及び都市計画事業の企画及び総合調整に関すること。

(8)　市域に関すること。

(9)　国土利用計画法（昭和49年法律第92号）に基づく知事が定める土地利用基本計画に関すること。

(10)　大規模小売店舗立地法（平成10年法律第91号）及び大規模集客

施設の立地に係る都市機能の調和に関する条例（平成17年兵庫県条例第40号）に係る事務に関すること。

(11)　局の庶務その他局内他室課の所管に属さない事項に関すること。

前市長による子育て施策の推進で有名な市ですが、**いの一番に流行り**の **SDGs** を持ってきています。(6) の「重要な開発事業」や (7) の「都市計画及び都市計画事業の企画及び総合調整」を都市整備部門ではなく企画部門が所管しているところが非常に珍しいです。新庁舎建設というような全庁にまたがる事務であれば企画政策担当に置いている自治体も多いです。

②東京都昭島市　企画部　企画政策課（人口113,949人）

(1)　市の政策及び市長の特命に関する調査及び研究に関すること。

(2)　市政の基本的計画及び総合調整並びに主要な事務事業の進行管理に関すること。

(3)　庁議及び政策会議に関すること。

(4)　部課長連絡会議に関すること。

(5)　行政組織及び事務の能率化に関すること。

(6)　基地対策の調査、研究及び渉外に関すること。

(7)　行政区域に関すること。

(8)　基幹統計、市勢統計その他統計調査（他の部及び課の分掌事務に属するものを除く。）に関すること。

(9)　平和事業に関すること。

(10)　総合教育会議に関すること。

(11)　条例、規則及び訓令の立案並びに公告式及び令達に関すること。

(12)　議会に関すること。

(13)　争訟及び行政運営に係る法務相談に関すること。

(14)　文書の審査に関すること。

(15)　情報公開、個人情報保護及び行政手続に係る指導及び調整に関すること。

(16)　事務報告書に関すること。

(17)　固定資産評価審査委員会に関すること。

　統計や争訟、文書まで企画政策担当の事務として位置付けている自治体も珍しいですが、中でも米軍横田基地が市域に含まれていることから、(6)の「基地対策」が大変特徴的といえます。このような**自治体固有の課題を企画政策担当に位置付けている**自治体も多く見られます。

③北海道北広島市　企画財政部　企画課（人口58,171人）
(1)　市行政の総合調整に関すること。
(2)　国、道等関係機関への要望等に関すること。
(3)　国、道等関係機関との調整に関すること。
(4)　広域行政に関すること。
(5)　さっぽろ連携中枢都市圏に関すること。
(6)　総合交通体系に関すること。
(7)　市政執行方針に関すること。
(8)　土地利用構想に関すること。
(9)　行財政改革に関すること。
(10)　政策評価に関すること。
(11)　地方分権に関すること。
(12)　地方教育行政の組織及び運営に関する法律（昭和31年法律第162号）に基づく大綱及び総合教育会議に関すること。
(13)　まち・ひと・しごと創生総合戦略に関すること。
(14)　まちづくりに関すること。
(15)　都市再生特別措置法（平成14年法律第22号）に基づく立地適正化計画に関すること（都市計画課の所管を除く。）。
(16)　総合計画及び推進計画に関すること。

　プロ野球球団の北海道日本ハムファイターズの新球場「エスコンフィールドHOKKAIDO」を誘致したことで有名な市なので、経済部には「ボールパーク連携推進室・ボールパーク連携推進課」があります。当初は企画課が所管しており、事業の進行に伴い事務分掌が変更された

ようです。**大きな政策課題に対し、まずは企画政策担当が所管し、進展によって課を新たに設置して事務分掌を分けるという手法も一般的です。**

　以上、3つの自治体の事務分掌を見てきましたが、皆さんの自治体と比べてみていかがでしょうか。共通していることもあれば、そうでないこともあると思いますが、イメージはつかめたはずです。

1|2 ◎…企画政策担当の 1年

▶▶ 夏場過ぎからが圧倒的に速い

人事異動が決まると、新たに配属される部署の繁忙期はいつか、休みは取れそうかということが気になる人も多いかもしれません。そこで、まずは企画政策担当の1年を大まかに把握していきましょう。

多くの自治体の企画政策担当は基本的に事業をほとんど持っていないはずです。したがって、企画政策担当にとって**年度初めの4月が最も時間に余裕がある時期**です。新年度となり各課が動き出したばかりのこの頃は、調整事項や各課から寄せられる相談事項も少なく、庁内の空気が穏やかに感じられる唯一の時期と言っても過言ではありません。

そうこうしているうちに、5月の大型連休に突入。連休明けからは6月議会の準備で庁内が浮ついてきます。その6月議会が終わると7月からの夏季休暇取得期間が始まり、この頃から**新年度予算編成に向けた実施計画（政策事業の予算編成）の策定作業**が始まると、怒濤の調整ラッシュが始まります。

年度当初で補正予算が少ない6月議会に比べ、9月議会あたりからは年度途中に生じた事務執行上のさまざまな問題に対応するための補正予算が増えてきます。それが政策事業であれば、企画政策担当も財政担当とともに調整に入り事業の進捗管理を行います。実施計画策定のための調整に加え、こうした調整が夏頃から増え始め、9月議会・決算委員会を経て12月議会から年末まであっという間に過ぎていきます。

年末年始には政策事業予算編成の山場である理事者調整が行われ、当初予算の政策事業予算や実施計画が固まると一息つく間もなく3月議会、予算委員会と続いて年度末を迎えます。

▶▶▶ **1年は8か月しかない?!**

　夏以降、年度末まで繁忙期が続くことを大まかに理解したうえで、年間のスケジュールを立てる際の留意点を押さえておきましょう。

　それは、自治体の1年は12か月といっても、**議会月（6・9・12・3月）には物事があまり動かない側面がある**ということです。理事者や管理職が多くの時間を議会対応に割かれ、調整時間があまり取れないことに起因するものです。このことは企画政策担当でなくとも体感するところですが、**企画政策担当はとりわけ理事者や管理職との調整事項が多いこと**に加え、議案や一般質問の調整についても企画政策担当が担っている自治体も多く、他の部署よりも影響を受けやすいといえます。

　議会月に物事があまり動かないということは、実質的には「1年は8か月しかない」というくらいの意識が必要です。さらに言えば、議会月の前月（5・8・11・2月）についても、中旬〜下旬にかけては議会の準備や調整が入ってくるため、これまた動きが鈍ってきます。そう考えると、少し大げさに言えば、**スピード感を持ってフルで物事を動かすことができる期間は実質6か月程度しかない**ということになります。

　もっとも、議会月に何もできないということではありませんし、調整事が少ない時期だからこそできることもあります。大切なのは、実際に動ける期間が思いのほか短いという実情を知っておくことです。あらかじめ意識しておくことで、ある程度の余裕をもってスケジュールを組むことができます。

　経験上、調整時間が足りずに最終的に「えいや!」と力技で決めてしまった事業や見切り発車で決めてしまった事業は、スタート後にさまざまな綻びが生まれることが少なくありません。将来に禍根を残さないようにするためにも、余裕を持ってスケジュールを立てるようにしましょう。

1│3 ◎…企画政策担当に欠かせない3つの力

▶▶ 3つの力

　企画政策担当には多岐にわたる仕事があり、さまざまな能力が求められます。中でも「コミュニケーション力」「洞察力」「気力・体力」の3つの力が大切です。「待て待て、最後が『気力・体力』だと4つの力じゃないか」という声が聞こえてきそうですが、「気力・体力」は表裏一体ということでご理解ください。

　もっとも、これらに自信がなければ務まらないということでは決してありません。なぜなら、人は誰でも変わることができるからです。世界情勢、日本の社会経済情勢が目まぐるしく変化する昨今、もし「自分は何も変わっていない」と悲観的に捉える人がいるとするならば、発想の転換をしてみてください。周りが変化しているのに自分が変わっていないと感じるということは、**知らず知らずのうちに自分が周りの変化に対応している**ということにほかなりません。自分は変わっていないと思っていても実際は変化しているのです。ですから、悲観的に捉える必要はまったくありません。

　10年間の企画政策担当在籍中、多くの部下を見てきました。成長曲線は個人ごとに異なりますが、あるときから急角度で伸びる部下がいました。皆さんもこの**異動を契機として変わるチャンスが大いにあるの**です。今後のさまざまな経験の中で、これから詳しく紹介する3つの力を少しずつでも身につけていくことができれば、さらに仕事が進めやすくなるでしょう。

▶▶コミュニケーション力

　まず1つ目は、「コミュニケーション力」です。もっとも、これは企画政策担当に限らず、すべての地方公務員にとって大切な「力」ともいえるかもしれません。

　自治体の仕事は、誰とも関わらずに一人で行うものはほとんどありません。特に**企画政策担当の仕事は自分一人で行う仕事よりも、他者と関わりながら行う仕事が大半**です。庁内での各種調整、理事者との調整、各種審議会やタウンミーティングなどでの市民対応など、さまざまな場面で良好なコミュニケーションを取りながら進めていく必要があります。

　コミュニケーションが苦手という人もいるかもしれませんが、少しの努力で改善したり、補ったりすることができます。難しく考える必要はありません。

　例えば、自ら進んで挨拶をすることです。苦手な人に対してこそ、こちらから声をかけて挨拶をしましょう。挨拶というのは不思議なもので、されずに嫌な思いはしても、されて嫌な思いはしないものです。また、先にされると、なぜか気後れを感じるものでもあります。したがって、**交渉事・調整事などを有利に進めるためにも、まず自分から挨拶をする**ということを習慣にすると良い結果が生まれやすくなります。

　また、積極的に「ありがとう」を口にしていきましょう。日本人はお礼を言うときに「ありがとう」よりも「すみません」という言葉を使いがちだと言われます。「すみません」と言いがちだということは、「ありがとう」と言われ慣れていないということです。残念ながら、感謝の言葉よりも罵声を浴びることの多い私たち公務員は、「ありがとう」と言われると、ことのほか心に響きます。何気ないやり取りの際に、「すみません」ではなく「ありがとう」と言い換えてみましょう。きっと相手の心に響き、それだけでコミュニケーションが円滑に進むきっかけになります。

　そして、コミュニケーションというものは「送り手」と「受け手」があるということも忘れてはいけません。原課に物事を依頼するといった「送り手」としての自分だけではなく、原課からの相談を聞く「受け手」

としての自分も意識する必要があります。**普段から原課が「話しかけや**
すい」「相談しやすい」雰囲気をつくっておくことが肝要です。皆さん
も忙しそうにしている職員から発せられる「話しかけるなオーラ」を見
たことがあるはずです。皆さんは決して発さないように心がけましょう。
「話しかけるなオーラ」は不思議と目に見えるものです。ただでさえ、
敷居が高い部署であると思われていることを忘れないでください。円滑
なコミュニケーションには円滑な人間関係が基礎となるのです。

▶▶ 洞察力

　2つ目は、状況を読み解き、物事の本質を捉える「洞察力」です。多
くの調整をこなしていくにあたって求められる力です。「観察力」との
違いを簡単に説明すれば、**目に見えるものを細かく見るのが「観察」で**
あり、そこから本質を見抜いていくことが「洞察」です。

　何か問題が生じた際に、起きている事象とそこに至る経緯、背景など
を聞き取ったうえで、本質を見抜き必要な措置を講じていくのです。

　あるとき、原課から明らかに無理筋な政策予算要求が出てきたことが
ありました。一見して首を捻るものでした。ヒアリングしてみると「市
民から多くの要求がある」と説明を受けたものの、どうにも担当者の口
が重い気がします。このような場合は、必ずその裏に何かがあります。
例えば、実際には1人のクレーマーの対応に手を焼いているだけであっ
たり、政治絡みの要求を管理職が断り切れていなかったりといった事情
が背景に潜んでいるのです。こうしたときに感じる**「あれ、おかしいな」**
という違和感を見逃さず「裏に何かあるのではないか」と思考を展開し
ていってください。そうやって、事の本質をつかんでおかないと判断を
見誤ってしまいます。

　国・都道府県の動向や議会情勢、自治体のトレンドや首長の意向など
の目には見えないものを読み解く力も洞察力です。

　「空気を読め、顔色をうかがえ」と言っているのではありません。

　例えば、A案とB案のうち、一方を採用しなければならないとします。
このとき、「空気を読むとA案になるが、事務方としてはB案を推したい」

という場合に、空気を読んで最初からＡ案しか持っていかないということではありません。

Ａ案が採用される空気になりそうだということを「あらかじめ予測しておいて対処をする」ということです。「おそらく、Ａ案という空気になるだろうから、Ｂ案に流れが来るように、もう少しＢ案の資料を厚くしよう」とか、合議制の案件であれば「Ｂ案を推してくれる○○課長にあらかじめ根回ししておこう」とか、先の先を読むのです。

また、例えば国の補正予算の内容をつかんだときに、すぐに「これは自治体に降りてくる事業だな」と読むことができれば、「所管課はどこになりそうか」と思考を深めることができます。所管課で揉めそうであれば、早めに近隣自治体の動向をつかんだり、説得の材料を集めたりして備えることができます。洞察力を駆使することで、**一歩先を考えて先手を打ち、調整を有利に運ぶことができるようになるわけです。**

▶▶▶ 気力・体力

3つ目は、何といっても身体が資本ということで「気力・体力」です。これも「コミュニケーション力」と同様にすべての地方公務員にとって大切な「力」かもしれません。

総務省の発表によれば、2022年度に「心身の故障」を理由として休職となった地方公務員は34,520人で、前年度より2,994人と約10％近く増えたそうです。この数字は、集計の始まった1960年度以降で過去最多となっています。「心身の故障」ですから、身体的な病かメンタルの問題かはわかりませんが、こうした状況を憂慮せざるを得ません。

「人生＝仕事」ではありません。**あくまで仕事は人生のほんの一部。**中には「人生＝仕事」という信念を持つ人もいるかもしれませんが、仕事でメンタルを崩してしまうのは、大変もったいないというのが私の考えです。

したがって、心身の充実は欠かせません。先に述べたように、「気力・体力」の２つの力は表裏一体の関係にあります。「卵が先か、ニワトリが先か」ではありませんが、気力を充実させるには体力が必要である一

方で、体力が足りないときに気力で乗り切ることができることもあるのです。故・アントニオ猪木さんの言葉どおり、「元気があれば何でもできる」。**元気な状態というのは気力・体力が伴ってこそ**です。

　そこで、まずは「気力」です。「気力」といってもさまざまですが、1つはモチベーションや使命感といった類のものです。おそらく企画政策担当に配属されたばかりの皆さんは、不安を抱きつつも、モチベーションは上がっているのではないでしょうか。どうかその気持ちを忘れないでください。調整がうまくいかなくて落ち込むこともあるでしょう。仕事を押しつけられて嫌な気持ちになることもあるでしょう。そんなときは、「ここで**自分が頑張ることで、市民の幸福につながるのだ**」という**使命感**を持って乗り越えてください。

　また、「気力」には「胆力」といわれるような力も含まれます。ときには行くも地獄、退くも地獄というような場面もあるでしょう。立場上、政治的な案件に巻き込まれることもあります。職位が上になればなるほど、困難案件と対峙することになります。進行中の事業や首長の政策判断において、道理ではなく政治的な理由で反対され、矢面に立たなければならない場面もあるでしょう。そういった際に、**確固たる信念を持って何事にも動じずに乗り切る「胆力」**が求められます。

　次に「体力」ですが、何もランニングや筋力トレーニングをしろということではありません。もちろん運動はするに越したことはありませんが、疲れたら身体を休め、いたわることが大切です。**常にフルパワーで働かなくてもよい**のです。無理をしすぎないことが大切です。休めるときには積極的に休んでリフレッシュしてください。あなたが課長や係長であれば、率先して休暇を取得し、部下にも休暇を取らせてください。上が休みを取らないと、下はなかなか取りにくいものです。

　ときには連日残業が続くこともあるでしょう。特命事項など、理事者からのオーダーは得てして期限が短いこともありますし、締切を伸ばしてもらうわけにはいかないこともあります。経験上、何度か日付を超えたことがありますが、そんなときこそ「ここぞ」というときのために蓄えていた体力を使い、やり抜きましょう。

第**2**章

企画政策担当の
心構え

2｜1 ◎…「プライド」と「驕り」は紙一重

▶▶ 誰でも経験できる部署ではない

　さて、突然ですが、皆さんの周りの職員のことを思い浮かべてみてください。皆さんの役所でこれまで企画政策担当だった人は、その後、どんなポジションに就いていますか？

　主任級から係長級に、あるいは係長級から管理職に昇格した人が多いのではないでしょうか。その他の要職に就いている人も、企画政策担当出身の職員がたくさんいるのではないかと思います。

　つまり、そういうことなのです。企画政策担当は、決して誰にでも務まるポジションではありません。役所の中枢で重要な仕事を担う、首長のブレーンたる部署であり、**１－３で挙げた３つの力を発揮できると見込まれた人が配属される**と考えてよいでしょう。

　最初は不安でいっぱいかもしれませんが、皆さんは人事権を持つ誰かに、能力を認められ、あるいは期待されて配属されたのです。企画政策担当を経験し、その後のさらなる飛躍を期待された、選ばれた人材であるという「プライド」を持ってください。何か困難なことが起こった際にも**「自分ならできる」「自分にしかできない」**と思える「プライド」があれば、それが皆さんを支える１つの柱となるでしょう。

▶▶ ノブレス・オブリージュ

　「ノブレス・オブリージュ」という言葉をご存じでしょうか。フランス語で「高貴な身分には責任がある」という意味です。この言葉をよく覚えておいてください。

これから、皆さんが仕事をしていくうえで、必ず「なぜ、こんなに仕事が降ってくるんだ」「どうして難しい仕事ばかり自分のところに……」「○○課の同期はいつも定時で帰っているのに……」といったやり場のない思いを抱く場面があります。そんなときは、**「庁内でこれをこなせるのは我々（企画政策担当）しかいない」**といった「ノブレス・オブリージュ」の矜持を持って取り組んでください。

できる人、能力が高い人だからこそ、重要な仕事を多く任されることを自覚しましょう。できない人は任されないのです。できる人はやらねばならないのです。これも一種の持つべき「プライド」です。

▶▶▶ 「驕り」は捨てる

もちろん、そうした「プライド」を鼻にかけ、「俺様は企画政策担当様だ」と振る舞うのは愚の骨頂です。ただでさえ、企画政策担当になると途端に他の部署の職員から頭を下げられることが増えます。それはある意味当然のことで、庁内でそれなりの権力・決定権を手にしている企画政策担当に対して、原課としては頭を下げてお願いせざるを得ない場面があるからです。

しかし、ここで正しく理解しなければならないのは、**原課は皆さん自身に対して頭を下げているわけではない**ということです。権限を持っている**企画政策担当という「ポスト」に頭を下げている**にすぎません。「プライド」を持つといっても、「偉くなった」と勘違いするのは禁物。「驕り」は捨てましょう。

皆さんもこれまでの経験で、企画政策担当や財政担当に頭を下げて何かを頼んだことがあるのではないでしょうか。その際のことを思い出してみてください。偉そうな対応をされて嫌な思いをしたのであれば、自分はそうならないようにすればよいのです。

▶▶▶ 謙虚な姿勢を忘れない

私が企画政策担当に異動する前、防災課主任時代の話です。課長や係

長が私を信頼し、自由にさせてくれたこともあり、これまでやったことのなかった新しい防災訓練やさまざまなイベントを企画していました。上から何も言われないことを良いことに、よく言えば「バリバリと仕事をしていた」、悪く言えば「調子に乗って次々と新しいことをやっていた」のです。

そんなある日、飲み会が開かれました。1次会が終わって帰ろうとした際、総務部長から「おい、もう1軒付き合えよ」と2次会に誘われました。他にも行く人がいるのだろう、と思いながらついていったものの、周りを見ても部長と私しかいません。その部長は、後に副市長にまでなられた方ですが、一介の主任職が部長にサシで誘われたのです。戸惑うと同時に、とても緊張したのを覚えています。

そこで言われた言葉は、本当に心に響きました。

「黒澤よ、お前は本当によくやってくれているよ。ありがとうな。だけどな、1つ覚えておけよ。**目立てば目立つほど、必ず足を引っ張ろうとする奴が出てくるんだよ**。ときには『わかりません。教えてください』と頭を下げておけば、必ず誰かが助けてくれる。**謙虚な姿勢を忘れちゃダメなんだぞ**」

調子に乗っていた私をやんわりと諫めてくださったのでしょう。タイミング的にも企画政策担当に異動する前にこの話を聞けて良かったなと今でも感謝しています。ことあるごとに自省するきっかけとなりました。

企画政策担当は人と人とのつながりで仕事をすることが大変多い部署です。自分では意識していなくても、相手側はこちらのことを上だと思って対応してくることがほとんどです。常に人の意見に耳を傾け、謙虚でいると人間は成長できます。謙虚な気持ちを忘れないようにしましょう。特に、「好事魔多し」ではありませんが、**仕事が順調なときこそ謙虚な姿勢を持つこと**を忘れないでください。

2 ◎…他部署を巻き込むからには自ら職員の手本となる

▶▶ 敵視されるのも仕事のうち?!

　企画・財政・人事・法規・契約・会計——。これらは、市民対応よりも、職員同士のやり取りが多い部署です。そして、それぞれがある程度の権限を持っているため、些細なやり取りでも反感を買いやすい部署ともいえます。**ちょっとした言動で「あいつは生意気だ」「調子に乗っている」と言われがちだ**という意識を持っておきましょう。

　これに加えて、企画政策担当は嫉妬を受けやすい部署でもあります。「俺が行きたかった部署に何であいつが」「どうしてあんな奴が企画政策に」「あいつは首長のお気に入り」などといったようなことです。多かれ少なかれ、どこの役所でもこのような感情を持つ人は必ずいます。もし、「うちの役所では歴代そんなことはない」と思うとしたら、それは先達たちが細やかに気遣いながら仕事をしてきた結果です。

　企画政策担当は庁内調整がメインの仕事です。仕事を円滑にこなしていくためには、庁内各部署と良好な関係を築き、協力してもらうことが欠かせません。

　では、余計な嫉妬を受けることなく、庁内の協力を得られやすくするにはどうすればよいのでしょうか。

▶▶ 基本的な挨拶、身なり、勤務態度などにも気を配る

　まず基本的な振る舞いとして、挨拶、身なり、勤務態度に気を配りましょう。挨拶は人間関係の基本、コミュニケーションの基本です。人によって態度を変えるようなことがあってはいけません。上司や先輩には

挨拶するのに、後輩にはしないというような態度では信頼を得ることはできません。

身なりについては、何も「高いスーツを着るべし」ということではありません。**見られていることを意識**してほしいのです。皆さんは周囲から、「企画政策担当の人」として見られています。また、理事者や議員とも頻繁に接する身です。節度を保った服装を心がけましょう。

だらしない身なりの人よりも、清潔感のある身なりの人のほうが間違いなく言葉に説得力が伴います。また、調整・交渉の場において、相手が自分よりもしっかりした身なりをしていると気後れを感じてしまうものです。つまり、**「身なり」によって最初から相手よりも優位に立つことができる**のです。

勤務態度は、必ず人から見られています。他部署などで必要以上に無駄話をしたりしないようにしましょう。

▶▶ 他課からの調査・照会にはいち早く回答する

企画政策担当はさまざまな調査の依頼、国・都道府県への要望の取りまとめなど、庁内各署にお願いをすることが多い部署です。だからこそ、逆に他課からの調査・照会が来た際には、締切に遅れないことは当然として、いち早く回答するようにしましょう。たとえ多くのタスクに追われていたとしても、優先度を上げて取り組むことが必要です。「こちらが照会するときにも遅れて出してくる課は多いし、回答が多少遅れてもいいだろう」──。このような考え方は捨ててください。

こういうときにこそきちんと締切を守り、なるべく早く回答することで、**いつも締切を守ってくれる課には「恩を返し」、守らない課には「恩を売っておく」**のです。

逆にここで締切を守らずに遅れて回答すると、間違いなく「自分たちはいつも短期間の照会を投げてくるくせに」と反感を買ってしまうことになりかねません。いつ、どんなときも締切を守って回答することで「企画政策担当は忙しいときにもしっかりと締切を守ってくれるから、こちらも協力してあげよう」と思ってもらうことが大切です。

2 | 3 ◎…国の情勢から世論の動向まで、アンテナを高く張る

▶▶ 理事者の「懐刀」になるために

　社会経済情勢は日々大きく変化しています。近年も新型コロナウイルス感染症の蔓延や、ロシアによるウクライナ侵攻に端を発した原油価格・物価高騰など、世界を一変させてしまう事態が起きています。

　私たち公務員はこうした社会経済情勢の流れを敏感につかみ、その時々の新たな市民ニーズを見極め、スピード感を持って対応していく必要があります。さらにこうした大きな変化があった際は、国や都道府県からの交付金や補助金が下りてくることが多く、短期間に庁内の事業を取りまとめて補正予算を組む段取りを整えなければなりません。

　その第一歩として、まずは情報を集めていきましょう。私は出勤するとまず新聞主要各紙に目を通し、官庁速報をチェックするのが日課となっていました。地方自治関係の記事をスクラップし、部署に回覧をしていた時期もありましたが、SNSの普及により、最近ではそこまでしなくてもある程度の情報は得ることができるようになりました。どこまでやるのかというのは難しいところですが、アンテナを高く張り、情報を集めて損はありません。最低限、自分が担当する部局に関連するニュースには敏感に反応し、原課に取材するなどして情報を集めておきましょう。

　また、**理事者からは、「企画政策担当は何でも知っている（把握している）」と思われている**と言っても過言ではありません。「○○という話は知っているか？」などと聞かれることもしばしばです。そう問われた際に「報道レベルの知識ですが、○○という話のようです」などと即座に答えられた経験が積み重なると、次第に「彼（女）に聞けば何でもわ

29

かる」と思われ、理事者からの信頼を得ることができます。どんな自治体でも、情報を持つ職員は価値があるとみなされ、重宝されます。そうして理事者の信頼を得ることができれば、仕事が格段に進めやすくなり、やりたいことができるようになっていきます。

　一方、実は企画政策担当には本当に多くの、そしてさまざまな種類の情報が「自然に」集まるという側面もあります。私も、着任直後は大量のメールと回覧文書、業界紙（誌）に目を通すだけで精一杯でした。時代の変化とともに紙文書の回覧は減りつつありますが、紙が電子データに置き換わっただけで、大量の情報をさばかなければならないということには変わりありません。

　庁内はもちろんのこと、国や都道府県からの情報もひとまず企画政策担当に送られてくることが頻繁にあります。役所からの「公式」ルートだけでなく、ときには地元選出の国会議員や都道府県議員からの「非公式」ルートで未公開情報がもたらされることもあります。これは国の省庁や都道府県庁が、当該自治体やプレスにリリースする前に「地元の先生には先に知らせておこう」といった配慮から、情報を先出しすることによります。さらには首長自身が独自ルートで近隣の首長や政治家から情報を得てくることもあります。

▶▶ 入手した情報は鮮度が良いうちにさばく

　情報は鮮度が命です。入手した情報は新しいうちに整理をし、伝えるべき人や部署に伝えることが必要です。**原課がまだ知らないような情報をいち早くつかみ、下ろすこと**で、その後の進捗に大きな影響を与えることがあります。

　急遽、補正予算編成が必要になるような制度変更や新規事業が発生し、作業時間を考えれば１日でも惜しいような状況も起こり得ます。

　また、国の省庁がモデル事業や実証実験を行う自治体を募集し、選定されると手厚い補助金を受けられる場合があります。例えば、もともと実施の準備をしていた事業を国からの手厚い補助金を受けて行うことができるようになったり、財源の関係で二の足を踏んでいたような事業を

国の補助を受けて実現できたりするわけです。財政的な観点を考えれば応募しない手はありません。しかし、こうしたモデル事業や実証実験の募集は意外と多いにもかかわらず、大々的に募集されることは少なく、数ある通知の中に紛れていたり、ウェブサイトだけで告知されていたりします。そのうえ募集期間が短いため、早めに動き出さないと締切に間に合わないという事態に陥りがちです。

　また、原課には通知が送られていても、気づかれていなかったり、あるいは意図的にスルーされていたりして、企画政策担当が把握できなかったという場合もあります。**意図的にスルーされるということは、見なかったふりをされてしまうことがある**ということです。なぜなら、モデル事業に採択されるためには当然、応募書類を作成したり、採択された後も国に対してさまざまな報告を上げたりしなければならず、原課にとっては少なくない負担がかかるからです。

　こうした事態を未然に防いでいくためにも、企画政策担当として情報をしっかりとつかみ、主導権を握ることが求められます。

▶▶▶ 世論の動向にも気を配る

　市民ニーズを把握することは、自治体にとって、ある意味永遠の課題ともいえるでしょう。世論調査や市民意識調査を行う自治体もありますが、せいぜい年に1回というところがほとんどです。

　機を逃がさずに市民ニーズをつかむ方法は、シンプルに2つです。

　1つ目は、**多くの市民と知り合うこと**。生まれ育った地元で働いている、あるいは働いている自治体に住んでいるという場合は、職員であると同時に市民でもあるという強みを生かしてください。自分が住む自治体と働く自治体が異なる場合は、業務を通じて知り合う市民との人脈を広げていきましょう。また、在住職員に話を聞いてみるのも有効です。市民の「生の声」に耳を傾けてみてください。

　2つ目は、**いわゆる「エゴサーチ」をすること**。例えば、X（旧Twitter）などの検索機能を使って「○○市」「○○市役所」と打ち込んでみてください。もっと具体的に、自分が担当している事業名などで検

索すれば、その評判を確認できる場合もあります。もちろん、芳しくない評判を目にして、傷ついてしまうこともあるかもしれません。しかし、「役所の常識は世間の非常識」といった陰口を叩かれないためにも、世間一般の動向・反応には常に気を配る必要があります。逆に良い評判を見つけて、モチベーションが高まる場合もあるでしょう。

　大切なのは、役所はどうしても民間企業よりスピード感に欠けるということを理解しておくことです。基本となる当初予算は4月から執行可能になりますが、実際に編成作業を行っているのはその前年の秋です。そこからギリギリまで調整したとしても、1月くらいまでのニーズしか予算計上できません。議会に上程され審議される2・3月にニーズが激変した場合、よほどのことがないかぎり、4月から即対応することは難しいのです。その後も補正予算や流用等を行わなければ、ニーズの変化に対応できません。常に最新の世論動向に気を配り、市民ニーズをつかむようにしましょう。

2|4 ◎…「現場主義」で街に出て、自分の目で確かめる

▶▶ 現場に足を運び、現物を見て現実を捉える

　皆さんが持ち家を購入する、あるいは引っ越しをする際には、必ず現地を確認するはずです。実際に物件を内覧し、近隣の住環境を確かめてから決めるでしょう。企画政策担当も庁内調整や政策予算の査定を行うにあたり、まずは現場を知ることが重要です。**「現場主義」で原課に足を運び、話を聴いて、実際の現場・事業の様子を見せてもらいましょう。**

　場合によっては、実際にその事業に参加されている市民の声や、サービス利用者の声を企画政策担当自らが聴くことも必要です。都市計画道路の予定地や、区画整理の予定地、道路の大規模補修があるならその傷み具合を見に行きましょう。担当する部局のイベントに顔を出すのもよいでしょう。

　また、いつも役所の中だけで仕事をしているのではなく、時間を見つけて街に出ることをお勧めします。在住職員であれば勤務地の場であり、生活の地ですから街のことを熟知しているかもしれません。しかし、他自治体に居住している職員の場合、ちょっと街に出ない間に畑が戸建住宅に変わり、人気の飲食店が閉店し、新しいマンションが建っていたりします。街の変化を肌で感じておいて損はありません。

　市民や関係者とのアポイントでも、**いつも役所に来てもらうのではなく、積極的に「こちらから出向く」**ことをお勧めします。自分では意識していなくても、公務員はやはり官僚的組織と見られがちです。こちらから出向いていくことで相手側からの見方が変わってきますし、常に役所のデスク周りで仕事をしていると考え方が凝り固まっていきます。

　積極的に現場に出て、**予算がどのように使われ、対象者がどのような**

感想を持っているか、その陰で担当者がどのような点に苦労し、汗をかいているのかを確かめましょう。

▶▶▶ 現場の職員が一番大変だということを肝に銘じておく

　新たに企画政策担当に配属になった職員に、必ず伝えていた言葉があります。「**企画政策担当よりも現場の職員が一番大変。まずは労をねぎらい、しっかりと話を聴いてあげてください**」ということです。

　企画政策担当に異動してすぐに感じたことは、「執務室が静か」ということでした。静まりかえった部屋で聞こえてくるのは、各人のパソコンのタイピング音のみ。電話も内線がほとんどで、市民からの電話はほとんどかかってきません。同様に窓口に市民がやってくることもほとんどありません。これも当然で、いわゆる窓口職場ではなくほとんど事業を持たないため、通常市民対応はあまりありません。それは、すなわち**公務員にとっての大きなストレス要因であるクレームを受けることがほとんどないこと**を意味します。庁内調整などにおける対人ストレスはあっても、相手は所詮内部の人間、仲間です。対市民相手のストレスとは比べ物になりません。この違いをしっかりと認識し、現場で対応に追われる職員への感謝の気持ちを忘れないでください。

　地方公務員なら誰でも一度や二度、国や都道府県から降りてくる指示や事業に対して不満を持ったことがあるはずです。その理由は、指示や事業の先に市民の顔が見えていないと感じるからではないでしょうか。基礎自治体の職員は目の前の市民を相手にしています。現課からの相談は「些細なことだな」と感じても、しっかりと聴いてあげてください。**現場の職員は日々戦っています**。例えば、福祉の現場では「人の生死」を扱うこともあります。建設系の部署では、職員が暑い夏も寒い冬も現場で汗を流しています。また、「事実は小説より奇なり」とはよく言ったもので、現場では、信じられないような出来事が割と頻繁に起きています。静かな環境で仕事できる皆さんとは違うということを肝に銘じておいてほしいのです。労いの言葉を1つ掛けるだけで、人間関係が良い方向に転がっていき、庁内調整がうまくいくことにつながっていきます。

2│5 ◎…「負のレガシー」を 生まない判断を する

▶▶ 「歴史に残る仕事をする」ことよりも大切なこと

　レガシー（Legacy）とは、英語で「遺産」を意味する言葉です。日本ではそれほどなじみのある言葉ではありませんでしたが、東京2020オリンピックを機に「オリンピック・レガシー」としてクローズアップされることが増えてきました。IOC（国際オリンピック委員会）は「長期にわたる、特にポジティブな影響」と定義しています。

　では、行政運営やまちづくりにおけるレガシーとは何でしょうか。

　例えば、私が勤務する国立市では、1950年代に「文教地区指定」をめぐって文字どおり、町（当時は国立町）を二分する大論争がありました。

　1950年、朝鮮戦争が勃発した際、隣市である立川市にあった米軍基地に多数の米兵が進駐する中、その影響は国立町にも及び、米兵相手の商売を経済的発展のために受け入れるか、それとも拒絶して理想の学園都市づくりを行うのかという論争が起きたのです。町議会でも二転三転した結果、文教地区指定が議決され、その後の国立市のまちづくりの方向性を決定づけました。以降70年以上経った今でもなお、国立市では「文教都市」としてのまちづくりが脈々と続いています。

　どこの自治体にも歴史があり、例えば市町村合併を経験した自治体では、そこが1つの大きな分岐点であるはずです。その後のレガシーはいかほどでしょうか。

　企画政策担当は自治体の中枢部署です。その後何年も続く行政運営やまちづくりにつながるレガシーとなる判断に関わることもあります。「歴史に残る仕事をする」というのは壮大で夢のある話ですが、現実的には、

まず「負のレガシーを生まない判断をする」のが第一です。

　例えば、公共施設の新築を例にとってみても、当初は斬新なデザインで人気を博したとしても、その斬新さゆえに実は非常にメンテナンスに費用がかかるというのはよくある話です。後年、老朽化が進んでいくと資材等に汎用性がないために多額の費用がかかり、大規模修繕ができないような事態も予測されます。当初は斬新だと好意的に評価されたものが、年数を経て負の遺産となってしまうのです。

▶▶ 問題の先送りが「負のレガシー」を生む

　企画政策担当の特命担当課長だった際、ある**低未利用地の整理**を当時の市長に命じられました。東京にある国立市から遠く離れた、長野県の菅平高原に国立市が保有していた土地です。面積約 20,000m^2、高度経済成長期真っただ中の 1970 年代前半に、**国立市と田無市（現・西東京市）が共同購入**した土地です。購入は両市のトップ同士で決められたようです。国立市は小中学校の林間学校用地という名目で購入していました。

　ところが、この土地には大きな問題がありました。山とまでは言えない小高い丘のような土地形状で、頂上部分には保養所やテニスコートが建てられるようになっていたものの、2 市分の施設を建てるスペースはありません。そこで、今では考えられないことですが、なんと「クジ引き」により用地を割り当てたのです。「当たりクジ」を引いた田無市はその後、保養所を建設。合併で西東京市となり老朽化で取り壊しが決まるまで、市民に親しまれていたようです。

　「外れクジ」を引いた国立市の土地は、丘の中腹部分です。数字上面積約 20,000m^2 と広大なものの、実際に現地を確認して言葉を失いました。斜面しかない土地なのです。建物を建てるには斜面を切り開く大規模な開発が必要です。「これは売れないな」と絶望的な気持ちになりました。実際に、**地元の上田市にも無償譲渡すら断られていた**のです。

　さらには、国立市からの交通アクセスも課題でした。今でこそ高速道路の発達により車なら 3 〜 4 時間程度で到着できますが、購入当時は高速道路網が未発達で 7 時間ほどかかったようです。結果、「子どもたち

をそんなに遠くまで連れて行くのか」と林間学校建設計画は見送られ、市民の夏季保養施設へと目的変更されます。しかし、**結局建設はされず、40年以上放置**されることとなりました。まさしく「負の遺産」です。

▶▶▶ 見て見ぬふりをするか、自分が終わらせるか

この低未利用地の整理を行うにあたり、その経緯を洗い出すため、さまざまな関連文書を書庫から引っ張り出してきました。そこで目にした、ある決裁文書に残されていたメモ書きを忘れることができません。

「○○課長と□□課長は『**見たこともない土地の購入に合意することはできない**』と押印を拒否した」

鳥肌が立ちました。数ある合議欄のうち2つには、確かに印が押されていませんでした。公務員人生20余年、こうした決裁は他に見たことがありません。そう、実際に見ていればまず買うことはない土地です。当時の空気感を知ることはできませんが、この押印を拒否した2人の大先輩には頭が下がります。

結果的にこの土地は、老朽化した保養所を廃止することとなった西東京市と協議し、購入当時と同様に一体の土地として売りに出すことができました。当時流行していた官公庁オークションにかけ、無事に落札されました（道路部分は上田市に寄附）。

この事例では、もうおわかりのとおり、購入の判断自体が最大の問題なのですが、伝えたいのは「**問題の先送りが負のレガシーを生む**」ということです。悪いことほど早めに手を打たなければ、状況はどんどん悪化していきます。寝かせておいて解決することはありません。

公務員は数年で異動を繰り返します。異動した先では、必ず何らかの懸案事項・過去からの引継ぎ事項があります。簡単に解決できるものもある一方、過去何代にも渡る担当者が解決できなかった、あるいは手を付けてこなかった懸案事項が残っている場合があります。

歴代の担当者と同じく見て見ぬふりを決め込むのか、**自分の代で終わらせようと気概を持って取り組む**のか。皆さんには後者であってほしいのです。

2|6 ◎…政治家は「4年」、公務員は「40年」という意識を持つ

▶▶ 公務員は、異動後も担当した仕事への責任がある

　公務員と政治家の最も大きな違いは、身分保障でしょう。一度役所に採用されれば、良くも悪くも約40年間にもわたる手厚い身分保障があるのが公務員。一方の政治家である首長・議員は、4年に一度必ず選挙という民主主義の重要なプロセスを踏みます。

　よく言われることですが、政治家は選挙に落ちれば「ただの人」です。したがって、私たち公務員とは思考の時間軸が大きく異なります。政治家からは「私の任期中に……」といったフレーズを聞くことも多いのではないでしょうか。**政治家は任期4年で実績（結果）を出したがる傾向がある**のです。4年で結果を出さなければ職を失うことにつながるわけですから、それはある意味当然のことです。一方、**公務員はよほどのことがないかぎり、定年まで職務を全うできる**のです。

　この時間軸の違いを強く意識しましょう。「4年」で結果を求められる政治家と「40年」勤める公務員が、共にその先「50年」「100年」と続くまちづくりを行っていくのです。再開発事業などを例にとってみても、構想から完成まで10年、20年かかることはザラにあります。要所要所でその後の方向性を大きく左右する判断の機会、ターニングポイントが訪れ、企画政策担当もその場に身を置くことがあります。

　では、そうしたターニングポイントに対峙する政治家と公務員、どちらがより俯瞰的に物事を見ることができるのでしょうか。それは、40年勤める公務員であるという自負を持ってください。もちろん、自分の任期のはるか先のまちの将来を見据えている政治家もいるでしょう。いずれにしても、最終的な決断は政治家である首長が下し、その決断に対

する是非はその後の選挙で有権者が判断することとなります。

　企画政策担当が行うべきことは、**政治家である首長がその後 100 年続くまちのために、そして将来の市民のために最善の判断を下すことができる材料を集めて提供すること**です。

　数年後、数十年後には、その時の判断に対する評価が下されることでしょう。政治家は 20 年もすればかなりの入れ替わりがあります。20 年前と現在の議員の一覧を比較すると、その顔ぶれは大きく異なっているはずです。首長はともかく議員は、議員でなくなったあと、10 年もすればほとんどの人が忘れられていきます。

　一方、公務員の場合、人事異動がつきものですが、担当ではなくなった後も、退職しないかぎり、その自治体の職員であることには変わりありません。部署が変われば責任がなくなるということではなく、**役所にいるかぎり、過去に担当した仕事がその後どうなっているのか、担当した仕事への責任はついて回る**のです。

▶▶▶ 政治家のスピード感を意識して動く

　政治家と公務員の時間軸の違いは、すべて公務員側に利があるわけでもありません。政治家の「4 年で結果を出す」という姿勢はスピード感を持って取り組むという良い側面があります。逆に公務員はそのような「結果」を選挙で課されることがないため、良く言えばじっくりと取り組むことができる反面、悪く言えばスピード感に欠けるという側面もあるのです。うまくバランスを取っていく必要があります。

　首長の選挙公約の進行管理も企画政策担当の仕事です。選挙という民主主義のプロセスを経た首長の公約や政策は、まちづくりの柱です。すぐに実現できるものはスピード感を持って取り掛かりましょう。4 年というスパンで達成できそうなものは、実現に向けたスケジュールを引き、庁内の旗振り役として推進していくことが求められます。

　予算提案権は首長だけが持つ権能です。そのための予算を、同じく選挙という民主主義のプロセスを経て市民から選ばれた政治家である議員に認めていただき、まちづくりは進んでいくのです。

2│7 ◎…議会のオモテも ウラも理解して 向き合う

▶▶「二元代表制に与党も野党もない」は建前

　国会が指名した内閣総理大臣が内閣を組織し、国会に対して責任を負うというのが議院内閣制です。この仕組み上、内閣を支持する多数派の与党と、支持しない野党とが明確に分かれています。

　一方、自治体では、首長と議会議員が別々に選挙で選出されます。これを二元代表制といいます。首長と議員はともに市民の代表であるため、二元代表制は本来的には与党も野党もないことになります。しかし、これは建前にすぎません。多くの地方議会では、**実質的に首長を支持する「与党」とそうではない「野党」**が存在します。

　一人ひとりの議員の後ろには、その議員に一票を投じた多くの市民がいます。当然ながら市民の代表です。本来、与党も野党もないわけですから、誰に対しても同じ対応になるのが理想ですが、多くの自治体が与党・野党で対応を分けているのが現実です。各定例議会の前に行う上程議案の説明を与党議員から先に行ったり、一般質問で同じ内容の質問があっても与党議員には＋αの答弁を返したりといったことはどこの自治体でも行われていることでしょう。

　また、首長が「地方議会には与党も野党もない」と言い放ち、与党議員が離れていってしまったというような話は、各地で時折耳にします。正論は正論なのですが、実態としては合っていません。これが二元代表制の難しいところで、**どんなに人気がある首長でも、議会の多数の賛成がなければやりたいことは何一つできない**のです。

　したがって、表に出ないところでもさまざまなやり取りがなされているのが地方政治の実態です。企画政策担当は、他の部署に比べて圧倒的

に仕事が政治に左右される側面があります。

▶▶ 議員のデータをつかみ、対応に活かす

企画政策担当には、比較的多くの議員から問い合わせが入ります。担当課に直接問い合わせずに「企画に聞けばわかる」と思っている議員もいます。また、直接訪ねてくる議員も多いです。

配属されたら、最低限、議員の顔と名前と会派、できれば所属の委員会までは頭に入れておきましょう。どこの自治体も議員選挙直後の広報紙に顔と名前が出ているはずです。それを机に置いておきましょう。

そのうえで、次は議員のブログ、X（旧 Twitter）、Facebook などの SNS をチェックすることを日課にしましょう。政策や事業に対する議員のスタンス、関心がある分野、懇意にしている団体などを知ることができます。普段からこれらをチェックしておけば、何かあった際に「ブログで書いていたあのことか」「○○協会からの要望だな」などとその背景を知ることができますし、事業の問題点に関する指摘等を発信している場合には、議会で取り上げられる前に対処することができます。

議員が発信していることに事実誤認等があった際は管理職に伝え、管理職から議員に訂正をお願いするようなこともあります。そうすることで議員にも「職員はあなたの発信を見ていますよ」という意識づけにつながります。

▶▶ 議員対応したら、些細なことでもメモを残そう

議員からの問い合わせには、管理職以上が対応することが望ましいものの、もし管理職ではない職員が対応する場合には、①「○○議員から」、②「□□に関する問い合わせがあって」、③「◇◇と回答をした」、この3点だけは、たとえ些細なことでもメモをし、管理職に報告しましょう。

なぜなら、担当者レベルでは「些細なこと」だという認識であっても、それが議員にとっては大きな問題だったり、担当者レベルではわからない政治的な問題が裏に潜んでいたりする場合があるからです。

課長時代、当初予算編成が大詰めの時期に、当時それなりの影響力を持っていた会派の重鎮が電話を掛けてきたことがありました。

　「○○事業が当初予算に入っていないらしいじゃないか。どういうことなの？」

　明らかに不機嫌な口調で怒っているのですが、○○事業と言われてもまったくピンと来ません。それもそのはず、その事業は予算30万円ほどの比較的小さな事業で、課長に上がってくる前の政策予算査定で不採択扱いとされていたのです。よくよく係長に聞いてみると、予算提出初期の頃に当該議員から、「A課から○○事業の予算提出があったか？」と問い合わせを受けた担当者がいました。その報告を受けていれば、「ああ、この件は議員絡みなのか」と知ることができたものの、そもそも○○事業自体がどんな事業なのかすらわからないので対処しようがありませんでした。

　「議員絡みの予算と知っていたら採択した」ということではありません。**不採択なら不採択でその理由を丁寧に議員に説明し、理解を求める時間が取れた**であろうということです。この場合は、即怒り沸騰の議員を相手にしなければならず、対応が後手に回ってしまったということです。

　一般職のうちは政治に関わる必要も機会もあまりありませんが、管理職になると議員への根回しは欠かせません。何か新しいことを進めようとする際には、これまでの一般質問等で関心を寄せている議員、与党系の力のある議員、その地域が地元の議員には、**事前に説明する機会を持つ**などの根回しを忘れずに行う必要があります。

　「俺は（私は）聞いていない」「議会軽視だ」などと言われて、真っ青になるようなことがないように気をつけましょう。

▶▶▶ ブレーンだからこそ ?!　ときに罵倒されることも

　「市長が代わったらお前ら全員クビな」

　「俺が野党側についたら困るだろう。俺が与党側につける理屈をお前らが考えるんだよ」

「企画は悪の枢軸」

「公務員はそんなに一生懸命仕事しなくていいんだよ。テキトーにサボタージュしとけばいいんだ」

「お前は市長にでもなったつもりか？　生意気だぞ若造」

　これらは、いずれも企画政策担当時代に見聞きした議員（すでに全員勇退されています）からの言葉です。

　昨今では議員同士や、議員から職員へのハラスメント、首長から職員へのハラスメントなど、公務員界隈でも行きすぎた言動や態度がハラスメントとして問題視されるようになってきたため、このような物言いをする方は減ってきているはずです。また、議会が主体的に「**政治倫理条例**」を制定し、このような言動を自制する自治体も増えてきました。国立市でも「国立市議会政治倫理条例案」が2018年4月1日より施行されました。

　しかしながら、企画政策担当は首長のブレーンと言われる部署ですから、政治家である首長と同一視され、このような言われようをされることもあるという心構えは必要かもしれません。

　ちなみに、どんな場面での言葉なのかということも記しておきます。

　1つ目は、統一地方選の直前、市長が交代するのではという情勢の中で、いわゆる「野党」だった議員からの言葉です。もっとも、ここで言われた「クビ」とは異動のことでしょう。「**首長が交代すれば、ブレーンたる企画政策担当は全員異動だ**」という意味です。結果、首長は交代したのですが、1年間は誰も異動にはなりませんでした。一方、首長交代後にその議員と同じ会派に所属していた別の議員が「皆さん、これからよろしくお願いします」と頭を下げにいらしたことがありました。何という対応の差でしょうか。

　2つ目は、その選挙直後、新市長が推進を公約していた事業について選挙期間中に反対表明していた議員から言われた言葉です。「与党に入りたいが、支持者に示しがつかない。だから理屈を考えろ」ということなのでしょうか。この話は理事者マターとなり、結局どうなったのか残念ながら結末は聞かなかったのですが、その方はその後も絶妙な立ち位

置にいらっしゃいました。

　３つ目と４つ目は、行財政改革を進めていた際に、反対する議員から言われた言葉です。行財政改革は反対する方々からは悪いことのように言われてしまうのですが、そこで生み出されたお金は、より必要性の高い事業に回り、新たな市民ニーズのために使われているのです。決して悪いことではありません。大切なことは行財政改革は目的ではなく、より良いまちづくりのための手段であるということです。

　最後の５つ目は、管理職になったばかりの頃に予算委員会で人口増加策について問われた際のことです。想定していた質問だったのでスラスラと答弁したのですが、直後の休憩中に当該質問議員がつかつかとやってきて告げたのがこの言葉でした。何がお気に召さなかったのか、今でもまったくわかりません。若い管理職ということで、「最初に脅しておこう」くらいの気持ちだったのかもしれません。

第 **3** 章

企画政策担当の
仕事術

3｜1 ◎…首長・理事者の発言は常にメモを取る

▶▶ 単なる「言った・言わない」ではない重み

　企画政策担当になると、途端に首長・理事者と接する時間が増えます。

　そこで、まず習慣化したいのは、常に手帳やノートを持ち歩き、首長や理事者の発言は常にメモを取ること。時間があるときにそのメモをデータ化しておくと、検索できるので便利です。発言内容すべてを一言一句正確に記録する必要はありませんが、**日付、場面、キーワード、人名、指示があれば内容と期日など**を書き留めるようにします。

　理事者と議員、業界団体、市民との面会の場に同席することもあります。そのような場では、当然にメモを取ることが求められます。場合によっては、そこで首長が語ったことが、その後の施策の方向性を決めることもあります。首長や理事者の「言った・言わない」は一般職員とはその重みが異なります。そこで、対外的な面会や協議の場に立ち会ってメモを取る際には、できるかぎり正確に取るようにします。

　ある件で、某省庁が説明に来たときのことです。

　先方の「この事業の目的はＡです」という説明に対し、首長は、「Ａの必要性は理解するが、対応は慎重にお願いしたい」と了承したうえで要望を出しました。

　その後、某省庁が事業を開始したのですが、いつの間にか対外的に説明されている目的が「ＡとＢ」になっているのです。このことを知った首長から、「Ｂについては説明を受けていないよな？」と問われました。Ｂについては、首長としては受け入れがたい部分だったのでしょう。説明に同席していた私に確認を求めたのです。取っていたメモには「Ａ」としか書いていなかったため、自信を持って「はい、Ｂの説明は受けて

おりません」と答えることができました。

　このことをもって、市としての見解を問われた際も「Aの必要性は認識している。そのうえで、慎重な対応を求めた」と答えています。おそらくBについては某省庁の伝え漏れか、説明の戦略上、紙資料での説明がなかったことからあえてごまかしにかかったのかもしれません。こうした「言った・言わない」を防ぐためにも、メモは重要なのです。

▶▶▶ 「鶴の一声」を記録しておくメリット

　企画政策担当が抱える調整事項は、案件によっては年単位で調整・協議が続きます。また、庁内調整がなかなかまとまらないようなときに、いわゆる「鶴の一声」で一気に物事が動き出すこともあります。こうしたときにも残したメモが後々役に立つことが少なくありません。

　つまり、案件が動き出してから数年が経過し、さまざまな課題も出てくる中で、「そもそもこの事業は、どうしてこのようなスキームになったのか？」とその事業のあらましや制度設計について振り返って見ると、「確か『鶴の一声』だったような……」ということが、ままあるのです。

　このような場合も、メモを残しておくことで「調整過程のどこで潮目が変わったのか」がわかります。メモは、その事業がうまくいかなかったときに自分を守るために使うこともできます。「自分を守る」と言っても、いわゆる保身の意味ではありません。仮に事業がうまくいかなかったとしても「首長がこういう決定をして、それがうまくいかなかった原因です」とは口が裂けても言えません。しかし、腹の底でそういう気持ちがあれば、心が折れることもないのです。

　また、こまめにメモを取っていき「どんな状況」で「どんな言葉」が出てきたのかを振り返ってみると、首長や理事者の思考の傾向が見えてきます。物事を判断する際は何を優先して考えるのか。笑うとき、怒るときはどんなときなのか。どんな言葉や話が琴線に触れるのか、あるいは逆鱗に触れてしまうのかをつかみ、庁内調整を進めていきましょう。

3│2 ◎…「やりたくない仕事」からまず潰す

▶▶ 首長からのオーダーに拒否権なし

　企画政策担当にはさまざまな種類の仕事があり、同時にいくつもの仕事を抱えることがあります。どの仕事からこなしていくべきなのか、優先順位をつけていきましょう。

　まず最優先事項となるのは首長からのオーダーです。これはもう仕方がありません。割り切りましょう。どんなに忙しいときでも優先順位を繰り上げて対応します。期限が短いオーダーも多く、そこに拒否権はありません。「明日の○○の会合で使いたいから資料作ってくれ」と言われれば、どうにかして作るしかないのです。

　「そうは言っても……」というようなときにどうするか。このような場合、さすがにパワーポイントで講演を行うような資料を前日に求められるようなことはないでしょう。したがって、ポイントだけをコンパクトに作った資料を作成し、あとは口頭レクの時間をもらい、補足説明をします。そのときに「こうしてくれ」と言われれば、それを追記すれるだけで済みます。秘書から「時間が取れない」と言われても「復命です」「明日の会合のレクです」と言って無理矢理にでも時間をもらいます。

　それほど急ではない期限設定の場合にも、**こまめに進捗状況を報告す**るようにします。首長から「あの件どうなってる？」と聞かれないためです。「どうなってる？」という言葉の裏には「報告がないぞ」「忘れていないか」というマイナスの感情が含まれていると見て間違いありません。首長の信頼を損なわないためにも、進捗はこまめに報告します。また、そうしておくことによって多少の締切遅延が許されることがあります。「以前ご報告しました○○の作業にもう少し時間がかかりそうなの

ですが……」と切り出しやすくなるのです。

▶▶▶ 「やりたい仕事」より「やりたくない仕事」から

　こなしていく優先順位が同じくらいの仕事がある場合は、自分が「やりたい仕事」よりも「やりたくない仕事」からから先に潰していくことを全力でお勧めします。つまり、**得意な仕事よりも苦手な仕事をまず潰しましょう。**

　仕事に限らず、人間は嫌なことをどうしても後回しにしがちです。そうこうしているうちに、状況がどんどん悪化していく経験は誰でもあるのではないでしょうか。また、嫌なことや気がかりなことはいつでも心の片隅にあるため、モヤモヤとした感覚は消えません。家でくつろいでいるときにも、ふと思い出して嫌な気持ちになったりします。

　逆にやりたい仕事、楽しい仕事のことを家で思い出して、ワクワクしてしまうことなど、あまりないのではないでしょうか。したがって、**懸案事項はさっさと片付けてしまうことがメンタル面でも確実にプラス**になります。さらに言えば、もっとやりたくない仕事が降ってこないとも限らないのです。いわゆる「泣きっ面に蜂」です。

　また、やりたくない仕事や苦手な仕事は、どれくらいで終わるのかの見通しがつけにくいことからも、先に潰してしまうのがお勧めです。やりたい仕事、得意な仕事は短時間でこなせたり、ある程度自分で見通しを立てることができたりするはずです。先にやりたくない仕事をこなしておけば、不安は一気に解消し、「（得意分野なので）後はどうにかなるな」とメンタル面の安定にもつながります。

　一方、後に残してしまうと「やるしかない」と腹は決まるかもしれませんが、結局のところ、不安が残ったままになります。この違いは非常に大きいです。「やりたくない仕事」を残しておくと、公私にわたっていつまでもストレスがかかった状態となり、最悪は自分が潰れることにもつながります。

　仕事は人生のほんの一部。そんなことで自分が潰れてしまってはもったいない。**自分が潰される前に仕事を潰していきましょう。**

3|3 ◎…トップダウンと ボトムアップの 「仕掛け時」

▶▶ トップダウンとボトムアップを使い分ける

　役所の中で物事を大きく動かそうとする場合には、大きく2つの手法があります。トップダウンとボトムアップです。トップダウンとは、役所でいえば**首長や理事者、部長などの幹部が意思決定**し、いわゆる「上意下達」で進めていくことです。役所においては、一般的にトップダウンで進められることが多いでしょう。

　一方のボトムアップは、**現場の職員や若手職員が提案や意見**したことを首長や理事者、部長などの幹部が承認して進めていくことです。「若手プロジェクトチームからの提言」のようなものがこれにあたります。

図表2　トップダウンとボトムアップのイメージ

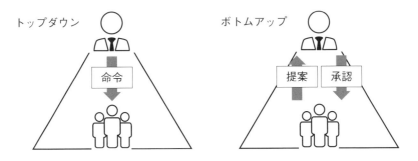

　トップダウンとボトムアップには、それぞれメリットもデメリットもあります（図表3）。したがって、どちらが良いとは言い切れません。時と場合によって使い分けたり、組み合わせたりすることが大切になります。

図表3　トップダウンとボトムアップの比較

	トップダウン	ボトムアップ
メリット	①スピード感がある 　トップの命のもと、１つの方向に向かって組織が動き出すため、承認過程の意思決定が速い。 ②停滞案件を動かすことができる 　乱暴な言い方をすれば、「つべこべ言わずにやれ」という上からのお達しがあるということ。原課が難色を示したり、庁内の利害調整が難航したりして進まなかった案件を一気に動かすことができる。 ③土壇場で覆りにくい 　トップによる発案なので、基本的に土壇場で覆ることは少ない。	①現場意見の吸い上げが可能 　現場で事務を行い、市民対応している職員の意見や普段は上まで届きにくい市民ニーズなどが届くことにもつながる。 ②イメージが良い 　「現場の声を聞いて」「若手職員の提言で」といった枕詞がつくことは概して好印象で、対外的に受け入れられやすくなる。 ③職員のモチベーションが向上 　提案が認められることで職員の承認欲求が満たされる。民間企業では、離職率が低下すると言われることもある。
デメリット	①現場の不満がたまりやすい 　「上は意見を聞いてくれない」「いつも上から押し付けられる」と現場の不満がたまりがち。 ②「独裁」イメージがつく 　乱発されると「独裁的」という批判に。首長を攻撃したい方々への格好のネタ、反対理由になる。 ③「結論ありき」になりがち 　「自由に議論を」と言われたとしても、基本的にはトップの意向に沿った形での成果（物）を求められ、あまり裁量の余地がない。	①時間がかかる 　検討委員会やプロジェクトチームを立上げ、会議を複数回行う必要がある。緊急対応等には不向き。 ②無難な結論になりやすい 　大人数の利害を調整していった結果、無難な落としどころになりがち。斬新すぎるアイデアや提案は受け入れられない可能性がある。 ③職員の能力に左右される 　提言や提案として取りまとめる力がなければ、最終的に採用されない。意見を出す職員、まとめる職員の力量が問われる。

▶▶▶ トップダウンを仕掛けて物事を動かす

　コロナ禍において、民間企業と行政のスピード感の違いをまざまざと見せつけられた顕著な例が、テレワーク（在宅勤務）対応でした。

　緊急事態宣言下で「人と人との接触を8割減らす」ことを命題に出勤抑制が求められる中、多くの役所では「そうは言っても家では仕事ができない」「資料などは家のパソコンに送れば作れるが、個人情報は持ち出せない」「役所のシステムにアクセスできなければ仕事ができない」などなど、たくさんの「できない理由」が挙げられました。しかし、窓口対応が必要な部署は出勤が求められますが、そうでない部署は環境さえ整えば家でも仕事ができるはずです。

　そんな状況の中、私は担当課に「うちの役所も職員のテレワーク環境を早急に整えるべきでは」と進言したものの、「必要性は感じますが、それを決める権限はうちの部署にはありません」と「THE お役所対応」をされてしまいました。これでは物事は進まないと判断した私は、庁内の新型コロナウイルス対応を取り仕切っていた**「健康危機管理対策本部会議」**の議題として**「職員のテレワーク環境整備」**を取り上げてもらうことにしました。トップダウンで事態を動かすことを考えたのです。

　結果として、その会議でテレワーク環境整備の推進が決まりました。組織の意思決定が行われたのです。方針が決まれば担当課もスムーズに動いてくれ、関係予算の補正予算提出・可決を経て、地方公共団体情報システム機構（J-LIS）が独立行政法人情報処理推進機構（IPA）と共同で実施していた「自治体テレワーク推進実証実験事業」に応募、無事採択され、うまく乗ることができたのです。

　このように、半ば強引ではあるものの、原課がなかなか動かない、あるいはスピード感を持って取り組まなければならないような施策（事業）については、トップダウンで有無を言わさず動かしてしまう手法も有効です。ただし、その場合には、**トップに対して施策や事業の有効性をしっかりと説明できる**ことが求められることは言うまでもありません。また、このケースでは「担当課も必要性を感じていた」ため軋轢は起きなかったものの、そうではない場合には仕掛けることによって恨みを買ってし

まうこともあります。適宜フォローも忘れないようにしましょう。

▶▶ボトムアップの向き・不向き

　ボトムアップに向いているのは、**比較的時間に余裕があり、ゼロから作り上げるような施策・事業**です。

　国立市では過去に、総合計画策定の第一歩として中長期的なまちづくりのビジョンを設定するため、プロジェクトチーム（PT）を編成し、ボトムアップで検討を行いました。向こう 20 年間のビジョンということから、PT は当時 40 歳以下の若手・中堅職員で編成しました。若手・中堅職員の自由闊達な意見交換が行われ、内輪だけではないビジョンを作るため、同世代の市民との意見交換会を行うなど、ほぼ 1 年間をかけて検討。結果として内外の評価が高い報告書がまとめられ、総合計画の礎となりました。

　一方、機構改革を検討していた際のことです。元々機構改革を行う際には、各部長職による検討委員会の設置要綱があり、その下部組織として各部の庶務担当課長（各部に 1 名ずつ配置されている課長職）が幹事会を組織することになっていました。つまり、実質的には各部の代表の課長職が集まって幹事会で議論を行うわけです。しかしながら経験上、そのやり方では当然のように各部の利害が対立してなかなかまとまりません。結果として、現場の不満や組織上の不具合が解消されないまま、小幅な修正にとどまってしまうことがありました。そこで、先の総合計画策定における成功体験もあり、若手による PT の立上げを提案しました。ボトムアップ手法を取ろうとしたのです。この手法であれば、各部の利害対立よりも若手職員の柔軟な発想と、現場で困っていること、不効率を感じていることを是正できる案が生まれると考えたのです。

　しかし、結果的にこのときのボトムアップ手法は失敗に終わりました。

　要綱改正まで行っていなかったため、「手続き論」からまず異論が出てきました。「要綱が生きている以上、機構改革の手続きには検討委員会・幹事会の承認がいるであろう」とのことでした。したがって、若手 PTの提言書はまず幹事会での議論の叩き台とされました。

幹事会ではさまざま問題点を指摘され、その上部組織である検討委員会でも否定的な意見が多数を占める結果となってしまいました。確かに、若手の意見ということでやや全庁を俯瞰した視点に欠けていた点は否めません。しかし、端的に言えば、管理職たちに「潰されてしまった」形です。つまり、機構改革のような**全庁的に大きな影響がある事項は、ボトムアップには向かない**のです。

　余談になりますが、話はここで終わりませんでした。その後、どうにか改正案を理事者まで上げたわけですが、その理事者調整の場で「管理職を２人減らせ」とのオーダーが下ったのです。「え?!　この段階で?」と思いましたが、やらざるを得ません。３つの課を２つに再編することで管理職ポストを１つ削減。もう１つはどうしても減らすことができなかったため、企画政策担当に２人いた課長職を１人減らすことにしました。最後は身を切ったのです。最初にこのオーダーを受けていれば、それを前提とした検討ができたのですが、そこの確認を怠っていたのが失敗でした。

　こうした紆余曲折を経て完成した機構改革案に、若手プロジェクトチームの提言書はどう活かされたのか。結局のところ、「意図を汲んだ」「エッセンスを含んだ」といった苦しい説明を行う程度にしか取り入れることができませんでした。

　このように、**ボトムアップで行う場合にも、早い段階から理事者の意図をある程度確認しておくことが重要**です。「それではボトムアップとは言えないじゃないか」という声が聞こえてきそうですが、**土壇場で丸々引っくり返されてしまうよりは、まだ修正が効くうちに方向転換しておいたほうがよいの**です。特に「若手でプロジェクトチームでも作って考えさせろ」と言われたような場合には「ボトムアップ」ではなく「トップダウン」である可能性もあると心に留めておきましょう。

3｜4 ◎…「施政方針」「首長あいさつ文」を書くコツ

▶▶ 施政方針：その年の主要施策を述べる

　「施政方針」とは行政運営にあたり、首長が重要施策や予算について、主にその年の第1回定例会において表明するものです。新年度に首長自身が推し進めたい政策、その自治体の重点施策や、予算におけるいわゆる目玉事業などについて首長が演説を行います。

　多くの場合、この施政方針の原稿は、企画政策担当が中心になって取りまとめます。「首長が喋るのだから、当然、首長が自分で書くのだろう」と思っている人が多いのではないでしょうか。実は、私自身も企画政策担当になるまでは、そう思っていました。しかし、私の知るかぎり、すべての原稿を自ら書く首長はいません。政治家としての信念のような部分だけは首長自身が書き、予算の説明等は事務方に任せ、それを合わせて作成している自治体はあるかもしれません。このあたりは自治体ごとの慣例やその首長のスタンスによるでしょう。

　基本的に、すべてを任された場合、**前半部分ではこれまでの首長の政治姿勢を社会経済情勢に絡めて語っていきます**。第1回定例会で述べることになるため、その年の年頭あいさつ（訓示）で首長が何を語ったのか、録音や記録を取っておくとよいでしょう。

　目玉事業のほか、**各予算の紹介の側面が強い後半部分は、原課から資料を集め、場合によっては原稿まで募る方法もあります**。その予算（事業）の目的や期待される効果について語ってもらうのです。ただし、その手法を取った場合は、各課によって文章のスタンスがバラバラで出てくるため、全体としての統一感を持たせる作業が必要です。

　また、ほとんどの場合、「施政方針」とセットで「会派代表質問」が

行われます。本会議場で述べられた「施政方針」の内容に対して、各会派の代表（自治体によっては議員個人の質問の場合もあります）が質問を行うわけです。したがって、事実誤認等を防ぐためにも最終段階では原課にも原稿を流し、チェックは受けておく必要があります。

その他、**首長が選挙時に掲げたマニフェストや公約の進捗を入れる**とともに、それらに掲げていなかったような新たな課題への取組みや、方針の転換がある場合にもここで表明を行います。そもそも選挙時のマニフェストや公約に４年間で行うことのすべてを盛り込むことはほぼ不可能です。また、そこに載っていなかったとしても、社会経済情勢の変化で新たな行政ニーズへの対応が出てきますし、ときには方針変更を行う場合もあります。そのことを批判すること自体が本来お門違いですが、「そんなこと公約になかったじゃないか」と言い出す人が必ず現れます。施政方針に盛り込み、首長自らが議会という公の場で述べることで、こうした批判に「施政方針で表明しました」と返すことができるわけです。

任期最終年にあたる場合は、これらのほかに任期中の振り返りとして実績を多めに入れたパートを盛り込み、締め括りの１年という総括的な色合いを濃くします。首長は「政治家」ですから、次の選挙に出る・出ないにかかわらず、「政治家」としての実績をアピールする絶好の機会だからです。

▶▶ 所信表明：新首長が基本的な考えを示す

選挙で初当選した首長が、就任後最初の議会で、任期中における市政運営の基本的な考え方（信念）などを明らかにする「所信表明」もあります。

「所信表明」の場合には、**その新首長が選挙を「何を掲げて戦い、勝ったのか」を分析**します。マニフェストや公約に掲げたことについて、達成していくための決意表明とも言うべき内容が主要部分になります。加えて、選挙の争点があったのであれば、その争点についての今後の進め方などについて触れるようにします。

いわゆる「後継候補」が就任された場合には、前任者からそれほど大きな変化を求められることもないかもしれません。しかしながら、「現

職が新人に敗れた」「保守革新が入れ替わった」というような大きな変化があった際は当然ながら大きな改編が求められます。

▶▶▶ 各種「首長あいさつ文」：全庁的な視点でチェック

「首長あいさつ文」については、さまざまな行政計画の巻頭に顔写真や署名とともに載せる「文章」と、防災訓練のような自治体の公式行事での「言葉」によるあいさつがあります。行政計画や公式行事のあいさつ文については、前例踏襲を基本とし、時点修正＋αくらいで十分であり、原課が書くこともよくあります。しかし、原課が書く場合にも、企画政策担当として全庁的な視点でのチェックを行うプロセスを踏んだほうがよいでしょう。原課がよかれと思って書いていることでも、全庁的な視点で見ると踏み込みすぎていたり、他の計画との乖離が生じていたりする場合もあります。

地域のイベントに顔を出す際には、その地域ならではの話題や地域にまつわるネタを入れ込んでおくようにしましょう。また、例えば野球大会の挨拶であればプロ野球やメジャーリーグ、高校野球のそのときの旬な野球の話題を盛り込むなど、そのイベントや行事に出席している人たちの属性に合ったネタを入れておくと喜ばれます。

▶▶ 首長の人柄をにじませる

施政方針や各種首長あいさつ文を作る際に意識しなければならないのは、我々公務員が書くとどうしても堅苦しい形になってしまうことです。例えば、「施政方針」についても、公務員が語る1年間の方針であれば、淡々とその年に行うことを羅列していれば問題ありません。つまり、ある意味無味乾燥なものでよいわけですが、政治家である首長が語るとなるとそうはいきません。**聴いている側の目に首長の政治理念やビジョンが浮かぶような言葉で訴えかけていくことが求められます。**

例えば、姉妹都市や友好都市といった都市間交流について、行政が意義や目的を語ると、次のような文章になります。

互いの市にとって、次のような効果が最大限引き出せるような交流を
めざします。
・市民を主体とした交流の活性化
・市の魅力の再発見および課題の再認識
・先進的な取組の反映

　　　　　　　　　　　　　　　　　（出典：国立市ホームページ）

　一方、このことを施政方針で首長が語るときには、

　　人と人が出会い対話を重ねる中で、人は価値観の違いを認識し、とき
には多くの気づきや学びを得ることとなります。個性の異なるまちとま
ちの交流についても同様であろうと考えております。これからは交流そ
のものが新たな価値を生み出す時代であり、今後の地域のさらなる発展
には、まちとまちによる自治体間の交流が不可欠であります。

　このように、政治家としての理念やビジョンを語ることが求められる
のです。
　感情表現を入れてもよいという面も、通常の行政文書とは大きく異な
ります。行政が表に出す文書は、通常無機質なものです。感動、喜びや
怒りといった感情表現は行間に押し込んでおくものです。しかしながら、
「施政方針」はそうではありません。むしろ、**感情表現を入れることで
文章に人間性・人情味を持たせる**ことができます。
　例えば「中学生人権作文コンクール」で域内の中学生が賞を取ったと
します。こうしたことを広報紙やホームページで紹介する際には、次の
ように事実だけを述べる形になります。

　　市内在住の中学生○○○○さんが、中学生人権作文コンクールで最優
秀賞を受賞されました。

一方、これを施政方針で扱うような場合には、以下のように「嬉しい」「感動した」ことが伝わるような感情表現を入れることで、その作文の素晴らしさと首長の人柄が伝わるようになります。

> 昨年大変嬉しい出来事がございました。市内在住の中学生〇〇〇〇さんが中学生人権作文コンクールにおいて最優秀賞を受賞されたのです。私はこの作文を読ませていただいた際、あふれる涙を抑えることができませんでした。

また、**首長が日頃からよく使う言い回し**、**好んで使うフレーズやキャッチフレーズをちりばめておく**と、「役人が作った原稿をただ読んでいる」感が薄れます。なぜなら、それは日頃から首長自身が使っている言葉だからです。

私が過去に仕えた首長の口癖は「私自身」で、選挙時のキャッチフレーズは「24時間365日安心安全のまちづくり」でした。したがって、施政方針やあいさつ文のところどころに「私自身、〇〇であります」とちりばめておきました。また、施政方針は「24時間365日安心安全のまちづくり」に絡めた構成とし、締めにもそのフレーズを持ってくるようにしました。そうすることで、格段に「本人が本人の言葉で語っている」感が増すと同時に、首長のカラー・イメージ付けがされていくのです。首長は政治家ですので、こうしたことも意識する必要があります。

▶▶ 絶対にやってはいけない間違いがある

首長に関する原稿を書くにあたり、絶対にやってはいけないことは「**地名**」や「**人名**」などの「**固有名詞**」を間違えてしまうことです。

例えば、A町会の集まりであったのに「B町会の皆様、おはようございます」と挨拶をさせてしまう。C町会長にお礼を述べてもらおうとしたのに、「D町会長のご尽力で……」と間違えてしまう──。

こうした事態は絶対に避けなければなりません。相手に失礼なばかり

か、首長に大恥をかかせてしまいますし、これだけで参加者は白けてしまいます。人名などには、念のため読み方のルビを振っておきましょう。

「首長が事前に読めば気がつくだろう」と思われるかもしれませんが、首長は多忙を極めています。その場で初めて読むケースも少なくありません。

私が勤務している自治体は「国立（くにたち）市」です。さすがに東京近郊にお住まいの方から「こくりつ市」と言われることはまずありませんが、もともとの地名の由来がお隣の「国分寺」と「立川」から一文字ずついただいたという説もあり（諸説あります）、よくこの両市と間違われてしまいます。

市外からお呼びした来賓の方がご挨拶で「『国分寺市』の皆さん」「『立川市』におかれましては」と間違われる場面に何度も遭遇しています。その度に「ああ、またか。やっちまったな」と思うわけですが、会場中に何とも言えない冷ややかなムードが覆うのです。「地名」や「人名」といった「固有名詞」については間違いがないか、何度も確認を行いましょう。

▶▶ 原稿ができたら必ず音読してみる

こうした間違いを防ぐために、また公務員が書いた堅苦しさが残っていないか確認する意味でも、**原稿ができあがったら必ず音読**してみます。できれば誰かに聴いてもらいましょう。同僚でも家族でも OK です。首長が話すつもりで声に出して読んでみて、首長が語るうえで違和感がないかなども確認していきましょう。

行政用語、お役所言葉にも注意が必要です。例えば、自治体に勤務している皆さんは「生保」といえば「生活保護」が浮かぶところでしょうが、一般的には「生保」といえば「生命保険」を指します。誰に伝えるための原稿なのかを意識し、音読することで確認をしていきましょう。

また、実際に首長が読む場面に自分が立ち会う際には、**原稿のコピーをポケットに忍ばせておきます**。万が一、首長が原稿を忘れて会場入りした際のリスクヘッジとして持っておくのです。

3|5 ◎…補助金を獲得する「ストーリー」を描く

▶▶▶ 「中身」よりも大事なもの

「一番大事なのは計画の中身ではなくて、『ストーリー』なんですよ」

この言葉は本当に衝撃的でした。「企業版ふるさと納税」（正式名「地方創生応援税制）が創設された際、内閣府の担当者から言われた言葉です。この制度は、国が認定した自治体の地方創生事業に対し、企業が寄附を行った場合に税負担が軽減されるものです。

「企業版ふるさと納税」の事業認定を受けるためには、地方版総合戦略をもとにした「地域再生計画」を出す必要がありました。制度が創設されて間もなかった当時、希望する自治体には事前審査の機会があり、勇んで霞が関まで行ったときのことです。

一生懸命に練り上げた計画の「中身」ではなくて、「ストーリー」が大事だとは一体どういうことなのでしょうか。

当時、国立市が地域再生計画を提出しようとしていたのは「旧国立駅舎再築事業」についての計画です。なぜ「旧」国立駅舎なのか。その経緯については、国立市ホームページに以下のように記されています。

旧国立駅舎は大正15（1926）年に創建され、以後80年間、たくさんの人々の行き交う姿を見守ってきましたが、平成18（2006）年にJR中央線の立体高架化工事に伴い解体され、駅舎としての役割を終えました。

しかし、解体を惜しむ多くの声や、全国の方々からの多大なご寄附を受け、平成30（2018）年に再築工事を開始し、令和2（2020）年4月に新たな役割である"まちの魅力発信拠点"としてオープンしました。

この行間を補えば、それだけで1冊の本が書けるくらいのストーリーがあります。しかし、地域再生計画において求められていたストーリーは、歴史的経緯やその再建築プロセスではなく、「企業版ふるさと納税」を使って「旧国立駅舎」が再建築された「後」のストーリーでした。

国は計画に記載されている「どんな内容の事業なのか」「なぜ企業版ふるさと納税を受けたいのか」「KPI（Key Performance Indicator：重要業績評価指標）は何なのか」よりも、**「その事業が企業版ふるさと納税を使って実現された場合に、街がどんなストーリーを描いていくのか」**という地方創生のストーリーを求めていたのです。

▶▶ 魅力的な「ストーリー」に仕立てる

では、なぜ国は計画の中身ではなく、自治体の行う事業にストーリーを持たせたかったのでしょうか。そこには**全国から寄せられる数多くの申請をさばかなければならない霞が関の事情**があります。

官僚たちは自治体からの申請を受け審査を進めていくわけですが、最終的な採否の決定にあたり、上司や大臣はもちろん、地元選出の国会議員にも説明することが求められます。その際に、逐一「この自治体にはこうした課題があり」「そのためにはこの企業版ふるさと納税が必要で」「KPIはこれで」などのまどろっこしい説明をするのではなく、地方が創生されていく物語（ストーリー）を語って了承を得ていくことが大切なのです。

自治体と企業との出会いにより、それぞれの想いがつながり、こんなふうに地域の未来は変わる──。その詳細を、刺激と感動、驚きを演出しながら、魅力的なストーリーに仕立てる必要があるということです。

こうしたストーリー重視という話は、このケースに限ったことではなく、国の交付金・補助金関係の採否には共通して言えることのようです。

デジタル田園都市国家構想交付金の査定担当者の話を聞く機会がありましたが、「美しいストーリー」として次の事例が語られていました。

離島の小学校に交付金を活用してオンライン教育ができるシステムを

> 配備する。それによって学校同士をオンラインでつなぐことができ、専門的な人材や指導力の高い教員の授業を各校で一度に受けることができる。子どもたちが地理的条件や学校規模で不利にならずに、質の高い教育を受けることができる。

　どうでしょうか。わずか数行の文字面を読んだだけでも頭にこの事例の「ストーリー」が浮かんできたのではないでしょうか。

　自治体の担当者としては、心中複雑な話かもしれません。地方創生関係であれば、当然、その地域の活性化、出生率増加、人口減少を食い止めるといったような目標があったはずです。その実現のためにも、まずは特定財源（補助金）の獲得が必要です。しかし、その特定財源を獲得するために魅力的なストーリーを描かなければならないとなれば、**ある程度の「色」をつけ、魅力的なものに「見せ」なければならない**のです。

▶▶▶ 嘘はつかない、でも正直すぎても財源は得られない

　では、どうするか。見せ方を工夫し、嘘にならない程度に「盛って」いきましょう。Instagram のいわゆる「映え写真」を思い浮かべてみてください。角度をうまく変え、彩光を工夫することで、同じ被写体でも見え方が大きく異なることを体験的に知っている人は多いでしょう。

　しかし、ここで被写体そのものを違うものにしてしまうのは「嘘」になってしまいます。特定財源申請の場合も「嘘」になってしまうと、特定財源獲得という目標は達成できたとしても、描いたストーリーは達成することはできません。最終的には自分たちを苦しめることになるばかりか、市民への裏切り行為となるのです。したがって、嘘にならない程度に盛り、魅力的なストーリーを展開させていきましょう。

　なお、国立市の企業版ふるさと納税はその後どうなったのか。

　普通交付税の不交付団体は制度の対象外とされたため、結局申請まで至りませんでした。そこで、企業版ではない通常のふるさと納税制度において寄附の使い道として「旧国立駅舎再築のために」を設定。全国から約２億円の寄附金をいただき、再築に至っています。

3│6 ◎…ネットワークを活かして情報をつかむ

▶▶ 近隣自治体と相談しあえる関係を築く

　自治体はそれぞれ個別の課題はあれど、良くも悪くも基本的には同じような政策・事務を行っています。

　そこで、担当分野ごとに、市区町村レベルで近隣自治体と「○○担当部長会」「○○担当課長会」などの会議体を組織している場合があります。自治体間の横のつながりを持ち、都道府県に対する要望や都道府県を通じて国に対して行う要望の取りまとめについて議論を行うのです。

　担当者レベルでも、近隣自治体担当者のネットワークが仕事を進めていくうえで役に立ちます。普段から情報交換する間柄になっておけば、困ったことがあったときや国・都道府県から新たな交付金等が下りてくる際の対応方針など、気軽に聞くことができます。逆に、相手側から問い合わせを受けて初めて知るような情報もあります。実際に、まったくノーマークであった法改正対応を「○○法改正に関する対応はどうしていますか？」と問い合わせを受けて初めて知るようなこともありました。

　また、情報交換をする中で自分の自治体にはない良いところを学ぶことができます。組織のあり方や事務改善の進め方など、**疑問を感じたら近隣自治体の担当に聞いてみる**のです。自治体には横並び意識があるため、上司や他部署、理事者との調整でも「近隣の○○市ではこのように対応しているようです」と一言添えるだけでグッと説得力が増します。

▶▶ いざというときに効く、都道府県とのパイプ

　国や都道府県が何らかの政策を予算化したことで、突如、市区町村に

も予算化が求められるといった事態は枚挙に暇がありません。**大臣や知事が記者会見で「ドーン！」と発表、現場の人間は何も知らされておらず「ポカーン……」と口をあんぐり。よくあることです。**

2023年1月中旬、小池百合子都知事は、記者会見で突如「都の第二子以降保育料無償化」を発表しました。ニュースで会見を見て、「担当者は頭を抱えているだろうな……」と感じました。保育料は自治体ごとに異なるため、基礎自治体の事務となりますが、1月中旬となればもはや当初予算は固まり、各会派への事前説明が始まる頃です。4月からの無償化となると、システム改修をはじめ、てんやわんやとなります。しかも正式な通知はまだ来ていません。翌朝、登庁すると案の定、保育の担当部署は騒然としており、殺伐とした空気が流れていました。

この様子を見て、都内の他自治体で保育を担当している友人にねぎらいの言葉をかけようと連絡を取ると、意外な言葉が返ってきました。

「実は親しい都の担当者からそれっぽい話を聞いていていたので、そこまで驚かなかったよ」

正式な話ではなく、事務を進めることまではできなかったと思いますが、**心の準備の有無は、モチベーションに大きな影響を与えます。**

「同じようなことがあったな」と思い出したのが、企画政策担当になって間もない頃の話です。ある新規事業を市単独で行おうとしていたところ、調べてみると東京都が類似の事業を行っていたのです。形としては都が行っている事業のいわゆる「横出し」となるため、都の担当者に相談をし、ノウハウを尋ねました。気軽にオンラインで打ち合わせができる時代ではなく、都庁まで何度も足を運んで話を伺ったことを覚えています。電話ではなく直接都庁で話を聴くことは、私なりの誠意でした。

予算案も煮詰まってきたある日、都の担当者から連絡があり、**「まだここだけの話だが」**との前置きで、都が補助対象を広げることになった旨をリークしてもらったのです。おかげで最初から都の補助金を見込んだスキームでスムーズに事業化をすることができました。

また、こんな話を聞いたことがあります。とある都道府県の道路部門にまつわる話です。かつてガソリン税や自動車重量税などは、「目的税」として道路の整備・維持管理に使われていました。基礎自治体にも配分

されていたその財源を一般財源化しようという議論が起こったのです。そこで都道府県が域内各首長の記名押印を集め、国に対し反対の意見書を送ろうとすると、元々道路行政に反対の立場だったある首長が、国に賛成の立場から押印を断固拒否。その首長1人の名前がない意見書が国へ送られました。

その後、その自治体はその首長の在任中、都道府県庁への道路事業に対する補助金申請が相次いで不採択だったといいます。

これらの事例からわかるように、都道府県の担当者と日頃からネットワークを築いておいて損はまったくありません。政令市がある道府県の基礎自治体職員は、政令市の職員とつながることでも大きなメリットがあります。なぜなら、国は都道府県の担当者にプラスして、政令市の担当者を同時に集めて情報を流すことが多いからです。

▶▶▶ 新型コロナワクチン接種の陰にあったオンラインでのつながり

コロナ禍以降、オンラインにおけるコミュニケーションが急速に進化しました。1,200を超える自治体や省庁から5,000人を超える公務員が参加するオンラインプラットフォーム「オンライン市役所」はその最たるものです。インターネットを通じて、全国の公務員と容易につながることが可能になり、新型コロナウイルスワクチン接種という未曽有の事業でも、自治体職員の力となりました。

オンライン市役所では、毎週末オンラインでミーティングを開いて全国の担当者同士で情報交換を実施。他にも、メッセンジャーグループを使い、日々リアルタイムで情報交換を行い、励ましあっていました。活発なやり取りが行われ、効果的な事業手法や先進事例の共有、厚生労働省とパイプのある職員やデジタル庁出向者からの情報提供など、「オンライン市役所」がなければ知り得ない情報で溢れていました。

日本の新型コロナウイルスワクチン接種は、先進国にスタートで大きく水を開けられていました。しかし、その後全国の地方公務員の努力によって、世界に類を見ないスピードで接種が進んだのです。その陰には、このようなネットワークの存在があったのです。

第 4 章

総合調整の
テクニック

4 | 1 ◎…「キーパーソン」を見極めてスムーズに進める

▶▶▶ キーパーソンには早めにあたっておく

　調整をスムーズに進める1つのポイントは、キーパーソンが誰かを見極め、その人物に早めにあたっておくことです。

　ある課で、**現業職の会計年度任用職員で回している業務**がありました。現場では「高齢な方が多いこともあり、急な体調不良で抜けられたりして困る」といった声や、「向き不向きがあり、せっかく採用した職員が短期で辞めてしまうことがある。年中採用活動をしている」といった課題がありました。そこで、**費用対効果や他自治体事例などを検討し、当該業務を外部委託する**ことを検討しました。

　委託であれば、直接細かい指示は出せないものの、休暇や離職の心配はありません。常に安定した労働力が委託事業者から供給されます。現行よりも多少費用が嵩（かさ）みますが、採用活動や給与計算等の労務管理に伴う職員人件費を考えれば、財政担当としても十分許容範囲の金額でした。

　現場のヒアリングは上々、予算的にも財政担当がOKであったことから「よしよし」と思っていたのですが、そうは問屋が卸しませんでした。最後の最後、その**最終権限を持つ「長」がつく役職の方が断固NO**だったのです。結果として、残念ながらその委託化は実現しませんでした。その方が、事業を直営で行うことにこだわりを持っていたことを知らなかったばかりに、**根回しや説明を最終段階まで行っていなかった**のです。

　現場の声を吸い上げたボトムアップ型の業務改善で、現場も労務管理がなくなって楽になるし、費用的にも問題ないだろう……ということですんなり通ると思っていたのですが、失敗に終わってしまいました。

　後でわかったことですが、その事業を直営で行うことへのこだわりも

さることながら、事前に何の相談もなく、結果だけを聞かされたことにさぞご立腹であったらしいのです。**内容そのものよりも、そのプロセスを問題視していた**ということです。

　こちらの認識としては、「そのレベルの長にまで早期に情報を入れておかねばならないような重要な案件でもない」と捉えていたのですが、その認識が間違っていたのです。非常にくだらないことではあるのですが、役所ではこういうことは往々にして起こり得ます。

　別のケースですが、機構改革を検討していた際、**庁内に点在する建築技術職を一元化して新たな課を設置する構想**が持ち上がりました。これにより、各課がバラバラで行っていた公共施設の維持管理を1つの課に任せることができますし、公共施設マネジメントを推進するためにもマンパワーを集積する目論見がありました。庁内全体を見渡せばメリットが大きく、やらない理由はないように見えました。

　そんなとき、建築技術職を多く抱えている課を所管するやはり「長」がつく役職の方が難色を示しているとの情報が入ってきました。確かに施設を多く抱える課で、せっかく手元で抱えている**建築技術職を手放す**ことになれば、**自分たちにとっては使い勝手が悪くなってしまう懸念**があるようでした。それはそのとおりなのですが、管理職なのですから、俯瞰的な視点で庁内全体のことを考えてほしいところです。

　嘆いていても仕方がないので早い段階で調整に入り、最終的には新たに設置する課に係相当の「○○施設担当」を設置することで折り合いがつきました。

　このケースは前のケースと異なり、**早い段階でキーパーソンとの調整に入ったため、**すべてをひっくり返される前に妥協点を見出すことができたのです。

▶▶▶ 庁内力学を知っておく

　「キーパーソンは押さえた。これで大丈夫だ！」と思っても、「俺は聞いていない」と別の人が出てくることもあります。

　こうしたことを防ぐには、日頃から庁内の人間関係や力関係に気を

配っておくことが大切です。「○○課は課長よりも係長が実権を握っている」「○○部長は『手続き論』にうるさい」「○○課長はイエスマン」「A課とB課にまたがる話は、先にA課長に話しておかないと面倒」などなど、どこの役所にも多かれ少なかれあるはずです。

　そして、**必ずしも「長」がつく人がキーパーソンとは限りません。**「○○係はベテランのC主任の影響力が大きい」といったケースもあります。そうした情報を庁内各署にいる同期や先輩後輩から収集しておき、企画政策担当で共有しておくと、おのずと誰がキーパーソンなのかが見えてきます。

　庁内調整では、**相手方とどこの役職で決着すれば有利なのかを見極める**ことも重要です。相手方の部長、課長、係長とこちらの部長、課長、係長の力関係を見極めるのです。五分五分の場合では「企画政策担当」の看板を背負っている分、多くの場合こちらに利があります。ただし、庁内の人間関係的にそうもいかない場合もあります。例えば、部長同士の話し合いになると分が悪そうな場合には、そこまで上がる前の課長以下の段階でキッチリと固めてしまい、部長のところでひっくり返されないような準備が必要です。逆に、部長同士の話し合いに持ち込めれば十分勝機があるような場合には、そこまでに五分の状態をつくっておけばよいのです。

▶▶▶ 「キーパーソン」は1人とは限らない

　また、「キーパーソン以外は無視してもかまわない」ということではありません。キーパーソン以外にもしっかりと気を配り、無駄な反感を買わないように留意しましょう。例えば、上記の「○○課は課長よりも係長が実権を握っている」ようなケースにおいても、課長を無視して話を進めることはできません。実権を握っている係長を押さえたら、「それでは課長にもお話を通させていただきます」とあまり時間を置かずに課長にも話をします。

　「こっち（係長）で話しておくから必要ない」と言われた場合にも、その係長がどの程度信頼できるのか、見極めが必要です。「**係長が実権**

を握っている」という裏には「係長が言うことを全面的に信じる」課長であることが多く、係長が都合のいいように改変した話を信じてしまう可能性があるからです。このようなケースの場合、いったん、「それでは課長への説明はお願いします」と引いたうえで、後刻、課長が1人のところを狙って正しく伝わっているか確認しに行きましょう。

案件によっては、議員や自治会長といった外部の方がキーパーソンである場合もあります。そのような際には、管理職や理事者に根回しをしてもらいます。

特命担当課長だった際、ある低未利用地の売却に携わりました。売却にあたり、当時の首長から「地元にしっかりと説明をするように」と指示を受けました。地元自治会から反対されてしまうことが最もネックになるということです。地方自治法上の議会の議決に付すべき財産の処分（法96条第1項第8号）には該当しなかったものの、地元に反対されてしまうと、そこを地盤としている議員も賛成しにくくなりますし、反対運動を起こされることほど行政として見映えの悪いこともありません。

そこで、まず地元議員3人に対して案件を説明して了承を得たのち、それぞれの自治会への入り方を教わりました。

「会長と副会長2人の計3人に説明しておけば大丈夫だけど、先に副会長のAさんにアポを取って」「来週、ちょうど会合があるからそこに来てほしい」「私（議員）から会長ほか役員へ話をしておくから、個別説明は必要ない」などなど、三者三様の反応がありました。

それぞれの自治会内の力関係や意思決定プロセスは、やはり自治会内部の人が熟知しているのです。

▶▶▶ 「飛ばし」は諸刃の剣、最後の手段に

調整を行うにあたり、「係長はNGだけど課長はOK」、はたまた「課長はNGだけど部長はOK」などのように、直近の上司がNGを出して先へ進めないような場合はどうすればよいでしょうか。また、上司が残念な方の場合、明らかにおかしな判断を下すこともあります。このままでは市民利益を損なってしまうようなとき、どうすればよいでしょうか。

普段はそれほど意識せずに仕事をしているかもしれませんが、我々公務員は「上司の命令が絶対」です。地方公務員法第32条には、法令等及び上司の職務上の命令に従う義務が定められています。

職員は、その職務を遂行するに当つて、法令、条例、地方公共団体の規則及び地方公共団体の機関の定める規程に従い、且つ、上司の職務上の命令に忠実に従わなければならない。

したがって、基本的に上司の言うことを聞かなければならないのですが、これを逆手に取れば、**1つ飛ばした先の上司を味方につけることによって、その下の上司を従わせることができる**ことになります。

まずは、最善を尽くして直近の上司と調整を図ることが当然ですが、例えば、係長がNGでも課長がOKを出してくれそうな場合には、係長を飛ばして課長に根回しをしてしまい、半ば強引に通してしまうことも1つのテクニックとしてはあります。課長のOKが出れば、NGであった係長も従わざるを得ません。

一見して、うまく行きさえすれば、こんなに楽で早い決着もないように感じます。これなら面倒な調整を続ける必要もないのです。しかしながら、**これは諸刃の剣**です。課長から、「係長は何と言っているのですか？了承しているのですか？」と尋ねられた場合、「係長は反対しています。了承は取れていません」と返答することになります。

課長が皆さんよりも係長の方を信頼している場合には、「それではちゃんと話を通してください」と差し戻され、逆に課長の心証を損ねる可能性があります。係長がすでに課長に報告や相談を入れている場合もあるでしょう。

また、係長を飛ばして課長に話を持っていったこと自体を知られてしまうと、当然ながら係長との間にも軋轢を生むことになりかねません。自分が上司だとしたら……と考えてみてください。**部下に自分の頭越しに話を持っていかれて、どんな気持ちになるのか**ということです。

課長職だった頃、実際にこんなことがありました。係長と担当者の意

見が折り合わない企画があり、係長は担当者の意見を尊重したうえで、そのスキームの矛盾に気がつき、解決すべく努力をしているところでした。そして、そのことを課長である私に事前に報告していました。担当者の意見を通すために、係長としてその補強をしようとしていたのです。にもかかわらず、若い当該担当者が私のところにやってきて、「係長が企画をストップしてきます。課長が動かしていただけませんか」と直談判してきたのです。

このとき、私から担当者には「係長は企画をストップさせようとしているのではなく、スキームの矛盾に気がついて手直しをしようと努力している。むしろ、その企画を通そうとしている側だ」と話しました。

私自身は、このことでこの若い担当者に対する心証を悪くするようなことはありませんでしたし、担当者が直談判してきたことを係長に話しませんでした。しかしながら、人によっては「係長の努力も知らずに、こいつは……」と悪い印象を抱く人もいるかもしれませんし、係長に対して直談判してきたことを話してしまうかもしれません。

仮に「飛ばし」がうまくいった場合でも、自分から係長に「課長からOKをもらいました」と言うのではなく、あくまでも課長から係長に「(担当者から直接進言があったことはおくびにも出さずに)OKと判断した」と言ってもらうことが大切です。こうすることで、**「飛ばし」を知られずに物事を進める**ことができます。

このように「飛ばし」を行って進めていこうとする際には、その上司との信頼関係があるか、しっかりと吟味する必要があります。したがって、リスクを伴う最後の手段といえます。

なお、他課調整において「飛ばし」を行おうとする際には、皆さんの側から、他課の職位が上の人物に直接あたるのは、よほどの人間関係が築けている場合を除いて、避けるほうが無難です。他課の場合、自分の所属課での「飛ばし」よりも、はるかにリスクが高まるからです。

他課の係長がボトルネックになってしまっている場合は、課長同士での話し合いで決着をつけてもらいましょう。

4│2 ◎…「説得」よりも「傾聴」を心がける

▶▶ 聴き上手になり、調整をスムーズに運ぶ

　部下に一方的に指示を出すだけで、アドバイスや助言はほとんどせず、報告や結論だけを求める上司・先輩に心当たりはありませんか？

　私が公務員になる前、民間企業で営業職として働いていた頃の上司がまさにこのタイプでした。人の話を聴かず、こちらがいろいろと説明しても、いつも腕を組んで「わかった、それでいくら売れたんだ？」と一言。

　その上司の口癖が「報告がない」でした。しかし、話を聴いてくれない人に、積極的に話しかけるわけがありません。営業マンが皆、報告をあまりしなかったのはある意味、当然のことと言えるでしょう。

　調整を行う際、最終的には、こちらが思い描いている方向へ進ませることが目標です。だからといって最初から強く説得しようとしたり、こちらが望む方向へ誘導したりしても、うまくはいきません。

　まずは相手の話を聴くことに努めましょう。調整には、相手との密なコミュニケーションが欠かせません。はじめにすべきことは、相手の話をよく聴くこと。つまり、「傾聴」です。**相手が何を考え、何に迷い、どうしたいと思っているのか。**まずしっかりと話を聴くところから始めましょう。

　最初から一方的に主張してしまうと、相手は自分の話を聴いてもらえず、不満が溜まっていきます。一方で、話を聴いてもらえると「ああ、自分は信頼されているんだな。肯定されているんだな」と安心感が生まれます。この「話を聴いてもらえた」という実感には、大きな意味があります。皆さんも悩みを抱えているとき、誰かに話すことで気持ちが楽

になったり、場合によっては悩みが解消したりする経験があるはずです。**「話す」ことは、負の感情を「放す」ことにつながります。**愚痴や弱音を吐くことも悪いことではありません。

「吐」という漢字は、「口」偏に「＋（プラス）」「－（マイナス）」と書きます。しかし、「－」を取ると「口」に「＋」で「叶」という漢字になります。つまり、「－」を話す（放す）ことは大切なことで、それをしっかりと聴くことも大切なことなのです。企画政策担当は、普段から聴き上手になっておくことを意識しましょう。「傾聴」が調整をスムーズに運ぶ第一歩となり、結果的にこちらが望む方向へ導きやすくなるのです。

▶▶ 聴き上手になる4つのポイント

聴き上手になるポイントは、4つあります。

①リアクションをする

「あなたの話を私はきちんと聴いています」という意思表示をしましょう。ポイントは、相槌を打つことです。「相槌を打つ」の語源をご存じでしょうか。鍛冶屋が刀を鍛える際に、師匠が槌（ハンマー）を打つ合間に、弟子がタイミングを合わせて槌を振るい、「トン」「テン」「カン」「テン」とリズムよく打っていく様子から、転じて、相手が話しやすいように受け答えをすることを指すようになったと言われています。

相手の話にうなずいて、ときには身を乗り出してほほ笑んだり、話を要約して、「なるほど、こういうことですね？」と言い換えたりする。そうすることで「あなたの話を聴いています」と示すのです。

もし、会話の際に相手がまったくノーリアクションだったら、どう感じるでしょうか。ともすれば、敵対の意思表示と取られかねません。オーバーリアクションになると、それはそれで相手に不信感をもたらすことになりますが、相手が真剣に聴いてくれていると感じると、話し手は「もっと話そう」「もっと話していいんだな」という気持ちになります。**自分が「受け入れられている」と感じる**のです。これを「受容」といい

ます。受容は話し手に安心感をもたらします。

②結論を急がない

　例えば皆さんが忙しいときに、原課の担当者が相談にやってきて、要領の得ない話をしてきたとします。そんなとき、つい**相手の話を遮って、いい加減な返事をしてしまうのは禁物**です。

　「つまりこういうことですよね」

　「はい、まぁよくある話ですよ」

　「悩む必要ないですよ。そっちでいいと思います」

　こうしたおざなりな返事をしてしまうと、相手に「切り捨てられた」という印象を与えてしまいます。結論を急がず、じっくり耳を傾けましょう。

　仮に本当に忙しくて時間がないときであれば、「すみません、今手が離せないので、○時からであれば時間が取れるのですが、いかがでしょうか？」と代替案を示したり、「今は忙しいので５分しか時間取れないのですが、よろしいですか？」とあらかじめ確認したりしましょう。こうすることで相手も「話を聴いてもらえるな」と安心するのです。

③相手をリスペクトする

　「ちょっとあんた！　私が話しているんだからこっち見なさいよ!!」

　かつて隣課の職員から大声で放たれたこの一言は、今も忘れられません。生活保護のケースワーカーだった頃の話です。その日は、生活保護費の支給日で窓口がごった返していました。あまりにも忙しかったので、ある案件について照会に訪れたその女性職員に対し、パソコンを操作しながら受け答えをしたところ、こう言われたのです。

　相手に対して失礼な態度だったことは、言うまでもありません。この一件以来、**話を聴くときには、必ず自分の作業を止めて対応するように**しています。そして、にこやかな表情で相手と目を合わせて、身体ごと相手に向ける。管理職になってからは、このことに一番気をつけています。管理職に話しかけることは、ただでさえ部下にとってハードルが高いからです。部下が話しに来た際には、すぐに身体を正対し、「私は今、

あなたの話を聞くことを最優先にしていますよ」という態度を取るようにしています。

　企画政策担当も敷居が高いと思っている職員が多いはずです。相手に敬意を持ち、会話の最中はしっかりと相手に注目するとともに、反感を買うような態度や物言いは厳に慎みましょう。

④環境を整える

　相手が話しやすい環境を整えることも大切です。話の内容にもよりますが、ざわざわして落ち着かなかったり、ひっきりなしに市民や来庁者が往来していたりするような環境は好ましくありません。落ち着いて話ができる会議室や打ち合わせスペースを探しましょう。

　対話をする際の位置関係は、一般的に次のような配置が多いのではないでしょうか（図表4）。

図表4　対話における避けるべき配置（対面型）

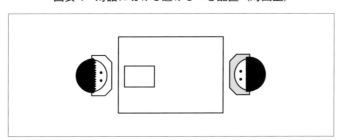

　しかし、この「対面型」の配置はお勧めできません。なぜなら、**正面から向き合って座ってしまうと、刑事ドラマの取り調べのような「対峙」の形になってしまう**からです。この配置は対立構造を生みやすいと言われています。スペースの都合でどうしてもこのような形になってしまう際には、自分の前にファイルやノートを置くと、緩衝材の役割を果たしてくれます。

　理想とされているのは、「90度型」の配置です（図表5）。この配置は、心と心の距離が近づく効果があると言われています。テレビのトーク番組でも、司会者とゲストの位置関係はほとんどこの配置になっているは

ずです。

　管理職になってからは、人事評価の面談もこの型で行っています。それまで対面の面談しか経験のない職員の多くは、入室時に「えっ？」と驚いた顔をしますが、終わった後に感想を尋ねると、全員が「話しやすい」「和やかに感じる」と話してくれます。

図表5　対話における理想的な配置（90度型）

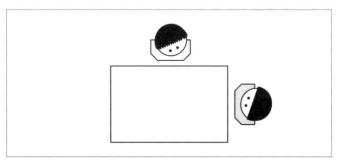

　スペース等の都合で、図表5のような配置が取れず、ソファや長椅子に横並びで座る場合は、「ハの字型」が有効です（図表6）。こちらもやはり心の距離が近づきます。

図表6　ソファーや長椅子に座る場合（ハの字型）

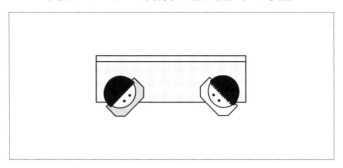

▶▶ 首長の威を借る狐にならない

　「話せばわかる」「何事も対話で解決」は、はっきり言って綺麗事です。

それでうまくいくこともももちろんあるでしょう。しかし、いくら話してもわかり合えない人も確実にいます。

　庁内調整においても、利害関係が絡むとなかなか結論まで達しないこともしばしばです。いつまでも話を聴いているわけにもいかず、どこかで切り上げて対話での解決をあきらめ、結論を出さなければなりません。

　ここで心に留めておいてほしいのは、ほとんどの場合、**最終的にはこちら（企画政策担当）に利がある**ということです。管理職でも、「企画政策担当に聞いてみて（その意向に従って）」「企画政策担当がそういうなら仕方がない」という人も多く、企画政策担当が「首長の意向」を振りかざせば、多くの場合、話はそこでおしまいです。つまり、その「切り札」ともいえるカードを企画政策担当は持っているのです。

　しかし、そのカードを頻繁に切ってしまうことは、「虎の威を借る狐」ならぬ「首長の威を借る狐」になり、相手との信頼関係を損ねることにつながります。切り札は最後の最後までとっておくものです。

　したがって、**そのカードを持っているという「心の余裕を持って」、十分に相手の話を傾聴しておくことが大切**です。十分に傾聴をしておくことで、最終的にカードを切ることになったとしても相手方の不満が減ることにつながるのです。

4｜3 ◎…「過去の経緯」より「現在の合理性」を重視する

▶▶▶「前例がない」は言い訳でしかない

　「お役所仕事」の最たるものに「前例踏襲主義」があります。事務によっては、1年前の決裁の日付だけを変更するだけで済んでしまうものも少なくありません。ある意味、効率的でもあります。したがって、すべての前例踏襲が悪いわけではないのです。前例に基づいて淡々と行っていけば問題ない事務であれば、そのままでよいでしょう。

　しかし、企画政策担当として新しいことを始めようとするときや、庁内の仕組みを変えようとするときは、「前例がない」が言い訳にしかならないことがあります。また、それを言い訳に使う職員と戦っていかなければなりません。

　現代は非常に変化が激しい時代です。**思考停止の前例踏襲は通用しません**。特にコロナ禍以降、この傾向が顕著になっています。例えばコロナ禍前は、テレワークといえば民間企業が導入しているもので、まさか自治体職員がテレワークをする時代になるとはとても考えられなかったはずです。また、役所への申請も、以前は「紙」による郵送か、「窓口」での提出が当然だったはずです。しかし、今では「自治体DX（デジタルトランスフォーメーション）」が叫ばれ、まだまだ自治体によってかなり差はあるものの、電子申請できる手続きが日に日に増えてきています。

　2020年4月、東京に初めての緊急事態宣言が出されたころ、ある2つの課で、新型コロナウイルス対応の新規事業が計画されていました。その企画書では、従前どおり申請書は郵送か窓口での提出となっていました。

時は「人と人との接触を8割減らす」と言われていた頃です。すぐに担当課に、「電子申請は検討できませんか？　このご時世に従前どおりの郵送と窓口での申請だけというはどうかと思うのですが……」と話をしました。専用の申請フォームを作るのは費用面等で難しくとも、市のホームページにはご意見をもらうメールフォームはすでにあります。ここにファイルを添付できれば問題なくできるのではと考えたのです。

A課からは、「確かにそうですね。検討してみます」と前向きな返答をもらったものの、B課は「いやー、無理ですよ。前例もありませんし」という、まさにお役所的反応でした。このとき、B課には2つの話をしました。1つは「靴の営業マン」の話です。

　　2人の靴の営業マンが新規開拓の営業で未開の地へと向かいました。現地の人はみんな裸足です。片方の営業マンは上司に「ダメですね。誰も靴を履いてないんですよ。まったく需要がないです」と伝えました。ところがもう1人の営業マンの反応は正反対で「誰も靴を履いていません！　これは大チャンスですよ‼」と興奮気味に語ったのです。

「誰も靴を履いていない」という同じ場面に遭遇し、1人は「誰も履いていないのだから需要がない」と判断し、もう1人は「誰も履いていないのだから売り込む大チャンス」と捉えたということなのです。ものの見方1つでこうも仕事が変わってくるという例えです。

もう1つはサッカーJリーグの初代チェアマン・川淵三郎氏の逸話です。

　　日本にもプロサッカーリーグを作ろうと奔走していた川淵氏ですが、行く先々で「時期尚早」「前例がない」と言われ続けていたそうです。そんな人たちを前に川淵氏は「『時期尚早』と言う人は100年経っても『時期尚早』と言う！　『前例がない』と言う人は200年経っても『前例がない』と言う！」と熱く語り、周りを説得していったそうです。

そう、**そもそも新しいことをやろうとするときには「前例がなくて当たり前」**なのです。「前例がある」ということは、過去に誰かが「前例

を作った」ということです。「前例がない」は言い訳にしかなりません。

　結局、このときはA課が見事に既存のメールフォームを活用した電子申請を実装したため、しぶしぶB課もそれに乗ることになりました。

▶▶▶ 「行政の継続性」にこだわりすぎず、「今」を見る

　首長が交代したようなときは、特に頭を一気に切り替える必要があります。現職が勇退し、「後継」候補が「継承」をキャッチフレーズに勝ったような場合には、すぐに大きく転換する必要はないことが多いでしょう。しかし、現職や「後継」が敗れたような場合にはそうはいきません。

　首長選挙があると、やはりトップの動向ですから役所はザワつきます。企画政策担当は誰がトップかによって、特に大きな影響を受けます。

　「行政には継続性があるのだから、誰が首長になっても関係がない。やることは変わらない」という意見を耳にすることもありますが、**半分は正しく、半分は誤り**です。我々公務員は誰がトップになっても、住民福祉向上のために仕事をすることは変わりません。一方、首長は政治家です。政治家には政治家のカラーがあり、イメージがあります。したがって、アプローチの仕方や、見せ方は変えていかねばなりません。

　私はこれまで、企画政策担当として3人の首長に仕えましたが、2期目を目指した現職が新人候補に敗れる選挙を目の当たりにしました。首長が代わると、あまりにも違う意思決定の速さに驚き、それを可能にするため、出されたオーダーに対して素早いレスポンスが求められました。さらには議会への入念な根回しなど、それまでとは大きく違うやり方に戸惑うこともしばしばでした。

　そんなある日のこと、毎年度夏に行っている**行政経営方針**を策定する時期がやってきました。行政経営方針とは、**予算編成方針とともに、行政評価（施策評価）に基づく次年度の各施策の方向性を示すもの**です。例えば「防災対策の推進」の施策であれば、次のように示されます。

　令和〇年度に改訂した「地域防災計画」の着実な推進を図り、より実

践的なものにしていく。また、特に○○については、優先的に取組むものとするとともに、令和○年度に改訂した「耐震改修促進計画」に基づき、住宅及び建築物の耐震化についても促進を図り、災害に強い安全で安心なまちを目指す。

　このように、「次年度はこういった施策を展開していく」と次年度予算編成に合わせて方針を定めておき、政策予算の編成に役立てるのです。

　首長レクに入る前の課内会議では、「行政の継続性」を主張し、同様のプロセスと同様の形で作ることを主張する人と、前体制と変わり映えしないものができてしまうことに対する疑問を投げかけた私との間で、ちょっとした議論になりました。結果的には、「行政の継続性」の名の下に、前市長時代と同様のプロセスを踏み、同様の章立て、デザインのものが作られました。

　そうして臨んだ理事者調整の場。首長は以前のものはご存じないようでしたが、当時の副市長は元職員だったため、よくご存じでした。

　「前とまったく変わってないじゃないか。首長が代わったんだから行政経営の方向性が同じわけないだろうが。お前ら一体どういうつもりだ？」

　夏の暑い盛りのことでしたが、文字通り場が一気に凍り付きました。内心「やっぱりな」と思いましたが、後の祭りです。その日は金曜日で、そこから土日返上でそれまでの経営方針とはまったく違ったデザイン、選挙公約に掲げられていた政策を前面に出した経営方針へと作り変えることとなったのです。

　もっとも、モノによってはすべてを一新する必要はなく、案件に応じた見極めは必要です。

▶▶ 過去の議会答弁や住民合意を覆すのは難しい

　「過去にこだわらなくてよい」と言っても、**議会で過去に答弁した内容については尊重する**ことが求められます。議会は公の場で、市民の代表である議員の前で自治体としての公式見解を語る場です。

そこで一度発言したことを軽々しく覆していては、市民に対する裏切りへとつながり、行政の信頼も失います。もっとも、時代の変化とともに過去に議会で答弁した内容と整合性が合わない事態も起こり得ます。その際には、やはり議会での丁寧な説明とともに、現在の市民の代表である現職議員の理解を得ることが必要になります。政治マターとして理事者対応となることが多いでしょう。

　一方で、過去の議会答弁の「内容」ではなく「答弁者」がどこの所管だったのかについては大した意味はありません。

　「過去に○○部長が答弁しているのだから、○○部がこの問題を所管しなければならない」ということでもありません。過去に○○部長が「検討します」と答弁し、その後何年も実際には検討していないこともあり得ます。現在の実情に即して、「現在検討するとしたらどこの所管なのか」という観点から部署を割り振っていくのが合理的です（詳しくは、4－5を参照）。

　また、**過去に「陳情採択」されているような事項については、割と大きな影響力があります**。陳情を採択したのはあくまでも「当時の議会」であって現在の議会ではありません。しかし、議会側はこのことを当局（行政）側よりも重く見る傾向にあります。したがって、「『過去に陳情が採択されて』Ａという状況になっている」といった場合、Ａを覆していくのは簡単ではありません。

　同様に、過去に自治会等と文書で合意しているような場合にも、その事項が仮に現在の実情にまったく合わなくなっているとしても大きな拘束力があります。たとえ数十年前に交わしたものでも、自治会内で引き継がれ、文書合意を盾にしばしば不利な立場に立たされます。したがって、文書がなければ反故にしていいということではもちろんないのですが、文書を取り交わすのは慎重にならなければなりません。その場しのぎで安易に文書を取り交わしてしまうと、明らかにおかしなことでも、向こう数十年にわたってそのままになってしまうリスクがあるのです。

4 ◎…成功のカギは「スケジューリング」にあり

▶▶ デッドラインから「自分締切」を決める

　企画政策担当の仕事は、1つのことにじっくりと取り組むよりも、複数のタスクを同時にこなさなければならないことのほうが圧倒的に多いものです。そのため、同時並行でさまざまな仕事を進めなければなりません。

　もし、皆さんが締切ギリギリに追い込むスタイルで仕事をしているなら、**計画的に締切から逆算し、余裕を持って取り組むスタイル**に転換を図りましょう。

　計画的に一つひとつ進めていかなければ、突発的な仕事が降ってきた際にすぐ行き詰まってしまいます。締切から逆算して事務を進めていくクセをつけましょう。

　例えば**補正予算を伴う事業**の場合、自治体の規模にもよりますが、概ね定例会初日の1か月前には庁内の意思決定がなされます。したがって、財政担当が設ける締切はさらに前に設定され、そこまでに事業精査、補正予算の精査が必要になります。

　締切は、当然守るのが大前提ですが、役所内部のものであれば、相手先に頭を下げて回り、数日は延ばしてもらうことができるでしょう。自分ではどうにもならないときには、上司にも頼んで頭を下げてもらうこともできます。一方、外部（議会報告・議決）が関わるものや都道府県に意見照会しなければならないものの締切は、この手は使えないため、絶対に守らなければなりません。

　そこで、まずデッドラインを決めましょう。デッドラインとは、「超えてはならない限界点」を意味します。まず「**これ以上遅れたら完全に**

アウト」という線を決めるのです。これは、デッドラインを定めて「そこまでは引っ張れる」「そこを目標に追い込みをかける」ということではありません。デッドラインを決めたら、そこから2、3日前に「**自分締切**」を設定し、そこから逆算してスケジューリングを行います。これが、計画的に仕事を進めるためのカギになります。つまり、最初の段階で2、3日余裕をみた締切を設定しておくのです。あまりギリギリになるとミスが起こりやすくなりますし、あまりにもタイトに組んでしまうと何かアクシデントがあった際に一気に予定が崩れていってしまいます。したがって、デッドラインからある程度のバッファ（余裕）をみてスケジュールを組みましょう。

▶▶ 長いスパンの仕事こそ計画的に！

　短いスパンで終えられる仕事については、そこまで綿密にスケジュールを立てなくても締切だけを意識していればこなせることも多いでしょう。一方で、**計画策定のような1年間かけて行うような仕事**では、より綿密なスケジューリングが求められます。闇雲に事務を進めていくのではなく、**最初におおまかな全体スケジュールを決め、その後に細かいスケジュールを落とし込んでいく**のです。

　まず、4月から始めて3月に完成させるまでの大まかなスケジュールを組みます。全体感を確認したうえで、デッドラインを意識しながら、もう少し細かい事務作業レベルにまで落とし込んだスケジュールを組みます。

　その際には、議会への報告や市民アンケートの取りまとめなど、いくつかのデッドラインが存在することになります。

　例えば市民アンケートであれば、その結果をいつまでに欲しいのか、期日を決めます。そこからアンケートの取りまとめにどの程度の時間がかかるのか、十分な期間をとれるように回収締切日（自分締切）を決めます。そして発送日、質問項目の庁内合意、質問項目案の作成と逆算してスケジュールを組んでいきます。

　また、中間報告として9月議会の常任委員会に報告を行い、12月議

会に素案、3月議会に最終案を報告するとします。そのようなケースの場合、各自治体によってさまざまでしょうが、概ね委員会当日の1週間前には議員に資料が配付されることが多いでしょう。当然、その前の議会事務局に送付される文書締切日がデッドラインとなります。

▶▶ 次年度のために記録を残す

スケジュールを組むにあたり、**過去年度にも行っているものであれば、参考までにその際の日程を落とし込んでおきましょう**。初めて行う事務でも、ある程度のスケジュール感を感覚としてつかむことができます。

ざっと眺めてみて、その日程で問題がなければ同様の日程を組み、どこかで無理が生じているようであれば、修正を加えてスケジュールを組みます。実際にその仕事が動き出してからは「前回より少し遅れているからどこかで取り返さないとな」「前回より余裕があって順調だな」と確認することができます。

自分が実際に行った際の日程も別途記録に残しておきましょう。記録しておくことで、自分が次年度もその仕事を行うときの参考になりますし、仮に担当が代わる際にも次の担当者に参考記録として残しておくことができます。特に新しい担当者にとっては、大まかなスケジュール感を知っているのと知らないのとでは、未知の仕事に向かう際の心の持ち方が大きく違ってきます。

できれば、**日程のほかに苦労や反省、トラブルなども記録しておく**ようにしましょう。「この調査はもっと期間を取るべきだった」「ここで○○課から横やりが入った」「理事者調整はもう少し早めが吉」などと書き留めておきます。こうすることでどこに気をつけて事務を行えばよいのかがわかり、同じ失敗を繰り返さないためにも有効です。

さらに日報をつけておくのもおすすめします。前年の同時期に何をしていたのか、どんな心境だったのかを振り返ることができます。

4|5 ◎…お役所あるある「割り揉め」のさばき方

▶▶▶ 「割り振りで揉める」＝「割り揉め」

「それはうちの担当じゃない」

「いやいや、事務分掌的にそっちが担当でしょう」

「組織規則読んでくださいよ」

「過去にそっちが答弁しているじゃないか」

こんなバトルに巻き込まれた経験がある人は多いのではないでしょうか。これが全国各地の役所で日常的に繰り広げられている、いわゆる「割り揉め」です。**所掌がはっきりしない案件が発生した際、どこの部署が担当するのか。議会の一般質問通告において、所管がはっきりしない質問の答弁書作成をどこの部署が担当するするのか。**こうした割り振りで揉めることを指します。

記憶に新しいところでは、コロナ禍において突如降って湧いた、**「国民全員に10万円給付・それもとにかく早く・マイナンバーでの申請もできる」**というような前代未聞の事業（特別定額給付金）がありました。現場には何ら知らされることなく、突如としてマスコミによって報道される、総理の会見で発表される、センセーショナルな事態です。こうした話が出てきた際に、まず「どこのセクションが行うのか」と庁内がザワつきます。皆さんの役所ではどこの部署がこの事業を担当されたでしょうか。

「コロナ対応なんだからコロナ対策を仕切っている課か？」

「経済対策なんだから商工振興の課か？」

「……いやいや生活困窮対策なんだから福祉部門だろう」

と、どこの役所でも「割り揉め」が起きたはずです。

▶▶ なぜ「割り揉め」が起こるのか

なぜ、こうした「割り揉め」が起きるのでしょうか。「性善説」では
ありませんが、職員の誰もがモチベーション高く仕事に臨んでいれば、
どんな新しい仕事でも意気に感じで取り組むはずです。しかし、実際は
そううまくはいきません。残念ながら、仕事が増えることを極端に嫌う
職員が多いのが現実です。**実は担当者レベルよりも、むしろ管理職レベ
ルのほうが嫌がる**ことがあります。一度議会で答弁してしまうと担当が
そこに決まってしまい、その後も担当部署として答弁しなければならな
りませんし、当然ながら担当として責任が伴うからです。

どこの役所にも「A課長は守備範囲がとても狭い」と言われるような、
極端に仕事を引き受けない課長がいると思います。ところが、そういう
課長は往々にして部下からの評価が高いことがあるのです。なぜなら、
部下からすれば、いろんな仕事を安請け合いしてしまったり、議員から
言われると何でも最優先事項にしてしまったりする、自分たちの仕事を
増やすような上司にはついていきたくないからです。つまり、**自分たち
の仕事を増やさない上司、仕事が振られそうなときに「キッパリと断っ
てくれる」上司に対して好印象を抱く**ということなのです。

さらに問題なのは、こうしたことが積み重なっていった結果、庁内全
体に「A課長には何を言っても無駄」という空気が醸成され、本来的に
はA課長所管の事務であろうと考えていても、最初から周りが調整を諦
めてしまうことです。そうなってしまうと、常にA課長以外の他の誰か
が割を食うことになってしまうのです。庁内全体のことを考えても、こ
うした状況がある場合には、**見て見ぬふりをして諦めるのではなく、客
観的なデータを集めて切り崩しにかかりましょう。**

▶▶ 「割り揉め」をさばくポイント

例えば、新たな事業が国や都道府県から降りてきた場合で考えてみま
しょう。往々にして、まず企画政策担当に対して、「○○を目的とし、
△△事業を行う。ついては担当部署と担当者を決めて折り返し連絡して

ほしい」という照会があります。こうした照会があると、即座に庁内での担当部署を決めなければなりません。お察しのとおり、残念ながら事業の担当を自らやりたがる部署はまずありません。そのため、難しい調整を迫られることになります。そこでいくつかのポイントを挙げてみます。

①その事業の目的は何か

　当然ながら、目的がはっきりしている事業であれば割り振るべき担当は自明です。目的が「子育て支援」であれば子育て支援部門が、「生活困窮者対策」なら福祉部門が、「消費喚起」なら商工振興部門が担当するというような具合です。

　一方、先に述べた「特別定額給付金」ですが、その目的は「新型コロナウイルス感染症緊急経済対策」（令和2年4月20日閣議決定）において、次のように定められていました。

　新型インフルエンザ等対策特別措置法に基づく緊急事態宣言の下、生活の維持に必要な場合を除き、外出を自粛し、人と人との接触を最大限削減する必要がある。医療現場をはじめとして全国各地のあらゆる現場で取り組んでおられる方々への敬意と感謝の気持ちを持ち、人々が連帯して、一致団結し、見えざる敵との闘いという国難を克服しなければならない。このため、感染拡大防止に留意しつつ、簡素な仕組みで迅速かつ的確に家計への支援を行うこととし、一律に、一人当たり10万円の給付を行う。

　改めて読むとなかなか重厚な文章ですが、要するに「国難を克服するために」「家計への支援を行う」ということになります。**目的は「国難の克服」で、その手段として「家計への支援（一律一人10万円）」**です。では自治体でいう「国難の克服」の担当部署はどこか。そうです、そんな担当はどこにもありません。また、対象が生活困窮世帯だけであれば「福祉部門」に話を持っていきやすいところですが、「一律に」と全国民が対象なので福祉とも言い切れません。

このように目的だけでは割り振るのが難しい際は、別の論点を考えて
いく必要があります。

②国や都道府県の所管はどこか

　先に述べたとおり、まず国や都道府県から照会があります。その照会
文書の出所がどこになっているのかを確認します。国からの文書の場合、
政令市を除けば直接自治体に降りてくることは稀で、都道府県の担当部
署を経由して降りてくることがほとんどです。

　1999年に地方分権一括法が成立し、翌年4月に施行されました。こ
の法律施行以前は、国と地方の関係は「上下・主従」でした。どういう
ことかと言うと、地方公共団体の首長は「国の機関」と位置付けられて
いたのです。「機関委任事務」という言葉を聞いたことがある人もいる
でしょう。かつては、国から委任され国の指揮命令のもとに行う事務が
あったのです。地方分権一括法により、この機関委任事務は廃止、**現在
は「法定受託事務」と「自治事務」に分かれ、国と地方の関係は「上下・
主従」から「対等・協力」に変わったのです。**

　しかし、実態はどうでしょうか。地方自治法第245条の4には、次の
ように「技術的助言」について定められており、さまざまな場面で是正
を図ってくることがあります。

> 　各大臣（中略）又は都道府県知事その他の都道府県の執行機関は、そ
> の担任する事務に関し、普通地方公共団体に対し、普通地方公共団体の
> 事務の運営その他の事項について適切と認める技術的な助言若しくは勧
> 告をし、又は当該助言若しくは勧告をするため若しくは普通地方公共団
> 体の事務の適正な処理に関する情報を提供するため必要な資料の提出を
> 求めることができる。

　この「技術的助言」には法的拘束力はないと言われるものの、**事実上
の圧力となります。**「上下・主従」ではなくなったとはいえ、実質的に
はやはり国や都道府県は親玉なのです。したがって、**その事業の国や都
道府県の所管はどこか、その所管に最も親和性がある庁内の部署はどこ**

かを知ることもポイントです。国や都道府県の担当部署に親和性がある部署であれば、常日頃からやり取りしていることもあるでしょうから、そこが担当するのがスムーズなのです。

③近隣自治体にヒアリングを行う

　近隣自治体はどこが所管するのかをヒアリングすることも有効です。できるだけ多くの自治体にヒアリングを行い、客観的に数を示します。

　「近隣自治体では、10自治体中8自治体が○○担当が所管するようです」

　このように示せば、相手方も受け入れやすくなります。また、同じ担当部署であれば実際に動き出した際にも連携が取りやすくなるので、きわめて合理的です。

　一方、ヒアリングした結果、そこまで圧倒的な差ではない場合どうするか。仮に10自治体調べたところ「4：2：2：2」だったような際には、テクニックとして**具体的な数は伝えずに「『おおむね半数』が○○担当が所管するようです」**などと言ってしまいましょう。

▶▶ 一般質問通告は議員に尋ねて即断

　対議会の事務を企画政策担当が担っている自治体も多いと思います。その最たるものの1つである**一般質問の答弁調整は、通告内容によって非常に割り揉めが起きやすい事務**です。

　例えば、「庁舎に防犯カメラを設置してはどうか」という質問通告があったとします。これは「庁舎に」とあるので庁舎管理担当の所管かと思いきや、庁舎管理担当から、「防犯カメラの話なので、防犯担当が答弁すべきだ。うちではない」と言われるケースが当たり前のようにあります。防犯担当からすれば、「いやいや、庁舎に設置するという話なのだから当然に庁舎管理担当でしょう」となるのが自然です。このまま放っておくといつまでも担当が決まらず、挙げ句に「まず防犯担当から『役所として防犯カメラ全体の話』を。次に庁舎管理担当から『庁舎への設置について』を答弁する」という**ある意味痛み分けのような結末になり**

がちです。

　質問議員がそれでいいということであればかまわないのですが、このような場合には議員に質問の意図を尋ね、最初から庁舎管理担当の答弁だけで済むならそれで済ませてしまうのが合理的です。

▶▶ 調整過程は文書で残す

　A課とB課である案件について揉めていたときのことです。客観的に見ればB課が行うほうが合理的だったのですが、部長級の力関係で最終的にA課に行ってもらうこととなりました。このとき、引き受ける側になってしまったA課のX課長は、「絶対にB課でやったほうが合理的だ。部長の力関係で決まるなんておかしい」と最後まで抵抗し、憤慨していました。私もまったく同意見でした。

　それから数年後のことです。また同様の案件でA課とB課が揉めることになりました。今度こそB課でやってもらうのが合理的だと思い、調整を始めたのですが、それを断固拒否したのが、何と人事異動でB課の課長に着任していた当時A課のX課長だったのです。数年前に「絶対にB課でやったほうが合理的だ」と憤っていたX課長です。ところが、当時の話を振ると、「そうだったっけ？　まぁ、いろいろあるしね」と、素知らぬふりです。「いろいろって何だよ」と本当にあきれ返ってしまったのですが、そのときは記録を残しておかなかったことが致命的でした。記録さえ残しておけば、「あのときはこう仰っていましたよ」（ドーン！）と明示することができたのです。

　残念ながら、このように**人事異動で人が代わると解釈を変更されてしまうケース**は往々にしてあります。

　このケースの教訓からも、調整過程と結果については、必ず文書で記録に残しましょう。必要最低限の記録として、①どんな過程で、②誰がどんな話をして、③**最終的にどんな調整結果に落ち着いたのか**という程度は残しておきましょう。記録しておくことで、こうしたケースにありがちな「言った・言わない」を防ぐことができます。

▶▶ さばいて終わりではなく、サポートする

　割り揉めした案件は「さばいて終わり」「あとは担当課でよろしく」ではありません。その後についてもしっかりとサポートをすることが必要になります。揉めるような案件なのですから、多くの場合は担当課としても「仕事を押し付けられた」という不満を抱えてのスタートになります。割り揉めで敗れた相手方の課や、それをさばいた企画政策担当へも不満が募るわけです。引き受けてくれたことに対する労をねぎらい、相談に乗ってあげるようにします。**ときに進捗を尋ね、「気にかけていますよ」という姿勢**を見せることが重要です。**さばいた側の責任**です。

　また、割り振りは勝ち負けではないのですが、同じ課同士で何度も割り揉めが発生するような際は、**「前回はこちらの課が受けてくれたので、次はそちらの課でお願いできますか」**と、ある意味バランスを取ることも相手方の不満を減らすことにつながります。

4|6 ◎…「政策予算」の さばき方

▶▶▶ 「政策予算」とは

　自治体の予算は、大きく分けて「経常的経費」と「政策的経費」の2つに分類されます。

　「経常的経費」とは、毎年度継続的・恒常的に支出される経費のことで、現行の行政サービスを行っていくうえでかかる経費のことです。例えば、住民票の発行を行うためには職員の「人件費」やシステム維持管理費などの「物件費」が必要ですが、こうした一連の費用が経常的経費です。また、生活保護事務などの法定受託事務における「扶助費」なども経常的経費です。

　一方、「政策的経費」とはその名のとおり「政策的」な判断が必要となる経費のことです。首長の公約による新規事業や、総合計画に計上されている事業、自治体独自の行政サービスなどが該当します。また、公共施設の新設や学校の建て替え、大規模改修、都市計画道路事業などの建設事業も「政策的経費」に該当します。

　ざっくりとした理解では、通常の行政サービスにかかる費用は「経常的経費」、新規事業や建設事業にかかる経費は「政策的経費」程度で十分です。いわゆる「経常収支比率」に関係しているのが経常的経費になります。

　さて、予算査定は財政担当の仕事と思われがちですが、「政策的経費」の予算は「政策予算」と呼ばれ、政策的判断が必要となるため、企画政策担当も査定に関わります。

▶▶ 政策予算の査定ポイント

　自治体によってやり方はさまざまですが、多くの自治体が**企画政策担当の段階で「政策的判断」を行い、実際の細かな中身の予算の査定は財政担当が行う**はずです。そのため、財政担当のような細かい査定は必要ありません。政策的観点から「採択」するか「不採択」とするかの判断が求められます。以下の7つの査定ポイントを押さえてさばいていきましょう。

①首長の公約事業

　首長が選挙公約に掲げた事業については、**「よほどのことがないかぎり」は採択が前提**です。企画政策担当は、首長の政策を推進する役割も担っています。首長が掲げた公約事業については、「どうやったら実現できるか」を前提として調整に臨みます。

　ただし、**政治家である首長は「フワッ」としたことを言うことが多い**ため、それを形づくって予算化して行く際には早い段階からイメージのすり合わせを行っておきましょう。

　なお、「よほどのこと」があった場合の対応については、4−7で触れていくことにします。

②国・都道府県補助事業

　国や都道府県の補助金がつく事業、それも**補助率10分の10という事業については注意が必要**です。財政負担がないため、気軽に飛びつきがちですが、未来永劫補助がつくことはまずありません。

　例えば、当初3年間は10分の10、4年目からは2分の1と段階的に補助率が下がっていくものがほとんどです。「ならば、補助率10分の10の3年間だけ実施すればよいではないか」とはなりません。なぜなら、人は「最初からない」状況への不満よりも「もらったものが取り上げられた」という**既得権を取り上げられるような状況への反発・ハレーションのほうが大きくなる**からです。

　自治体で事務事業の見直しや行財政改革が進まない状況の多くはこの

ことに起因していると言っても過言ではありません。したがって、この手のものは一度採択してしまったら、**全額負担になってもしばらくやり続ける覚悟と財政的裏付けが必要**になります。

また、この手のものは、近隣自治体の多くが飛びついてしまうと「なぜ、うちだけやらないのだ」となりがちです。それゆえ、実施圧力が強いことが特徴です。将来負担も考えて慎重に必要性を見極めましょう。

国からの補助事業には特に注意が必要で、「**3年間のモデル事業に採択されて始めた事業が、3年目の予算が急遽つかなくなってしまった**」と、もう引き返せない段階で連絡がくることがあります。なぜこんなことが起きるのかというと、その所管省庁と財布の紐を握っている財務省との力関係によるところが大きいのです。某省が財務省との折衝に負けて、土壇場で予算がつかなくなるケースで何度か痛い目に遭わされた経験もあります。こうした事態をあらかじめ想定して査定に臨みましょう。

なお、よくある誤解ですが「交付税措置」は特定財源ではありません。「地方交付税」は一般財源であり、「交付税の算定に入れる」という意味で、厳密にその額が交付されないことに注意が必要です。

③議会絡みの予算

議会の一般質問などで理事者や管理職が「『前向きに』検討します」「次年度に向けて実施の方向で調整します」などと答弁しているような事業は、議会（議員）との約束ですから、採択が前提となります。

稀に「答弁してしまえば予算をつけざるを得ない」ことを狙って答弁する管理職もいますが、あくまでそれも、その人の責任の持てる範囲での話です。さすがに、自分の責任の範囲を超えるような大きな政策事業について、理事者や企画政策担当、財政担当との調整もなしに、即「はい、やります」と答弁する管理職はいません。いるとすれば相当困った職員です。

予算編成の時期になると、各会派からの予算要望が出ることがあります。また、議員個人から管理職に直接要望が寄せられることもあります。こうした議会という**公の場以外での要望については、担当課で事業の必要性を見極めてもらうことが重要**です。担当課としてはそれほど必要性

を感じていなくても、管理職が議員から言われて断り切れないケースも多々あります。

　このような予算が上がってきた場合の判断のポイントは、**「議員からの要望に関係なく必要だと判断してやるのか」**です。議員からの要望がなければ、あるいは一市民からの要望だったとしたら、判断はどうなるのか。必要なければ、「やめましょう」で、担当者レベルであればOKです。なぜなら、その事業がうまくいかなかった場合でも、その議員が責任を取ってくれるわけではないからです。責任を取るのは予算を採択した企画政策担当であり、実際に執行する事業担当課です。議員からは「PRが足りない」「やり方が悪い」と言われるだけでしょう。

　ただし、課長には報告を入れましょう。課長以上の管理職であれば、政治案件としてその扱いをどうするのか決めなければなりません。課長レベルで不採択と判断しても、理事者に「（予算を）つけろ」と言われることもあります。いずれにしても、**担当者レベルでは忖度する必要はありません**。

④「企画（財政）に切られた」と言わせないために

　本来、予算委員会などの場で、管理職が「企画（財政）に切られました」「予算が足りないので」などと答弁することほどみっともないことはありません。事実はそうだとしても、「限られた財源の中で優先度をつけた結果です」「全体調整の中での判断です」などと不採択となった理由を答えてもらわねばなりません。残念ながら、議会や市民に対して「企画（財政）に切られた」と言い訳をするために、「企画（財政）で判断してくれ」と判断を丸投げされて予算が上がってくる場合もあります。

　このように「企画（財政）に切られた」と言わせないためには、まず企画政策担当側も「予算がないので」とは言わず、**納得してもらえるように不採択とした理由をきちんと話すことが大切**です。

　丸投げされてきた予算であれば、「細部を詰め切れていなかった」「制度設計にさらなる検討が必要」などと正攻法で切ってかまいません。そもそも本来、原課が予算要求してくる事業は、行政サービスの向上や住民福祉の向上のための予算のはずです。他方、査定において政策的判断

や財政面から不採択とすることも、全体を俯瞰的に見たうえでの判断だったり、将来負担を考慮したうえでの判断だったりするわけです。つまり、その判断も将来の市民のためにしたことであって、**一見、予算要求とその不採択とでは相反するように見えても、お互いがお互いの責任のもとに市民のための仕事をしていることに変わりはないのです。**

　大切なのは、このことの共通理解です。お互いが敵対しているわけではなく、お互いの信頼関係の下で、**ともに住民福祉の向上のために同じ方向を向いているという共通理解を進めていく**ことで「企画（財政）に切られた」という言葉は出なくなるのです。

⑤「みんなで不幸にならない」判断を

　震災時の避難所対応で**「物資が人数分なかったので、誰にも配らないことにした」**という話を聞いたことはないでしょうか。

　100 人いる避難所に食料が 80 個届いた。このまま配ってしまうと、もらえない人が 20 人出てしまうので不平等になってしまう。それならば、いっそのこと誰にも配らないのが平等だ――。

　行政の世界でありがちな「みんなで不幸になろう」という、いわば「**悪平等**」です。上記の例であれば、「優先順位をつけて配布する」「子どもは半分にする」などの選択肢が考えられます。もらえない 20 人からの批判を恐れて思考停止に陥るのは、愚策と言わざるを得ません。

　コロナ禍の話では、多くの自治体で国や都道府県の補助金を利用した「キャッシュレス決済ポイント還元キャンペーン」が行われました。「○○ペイで 30％戻ってくる！」といったキャンペーンです。

　通常よりも多くのポイント還元があることによる、消費喚起や消費者支援。感染予防対策としてお金のやり取りを減らす利点に注目が集まり、各地で行われたこのキャンペーンで一気にキャッシュレス決済が普及していきました。

　このときの議論では**「スマホを使えない高齢者、スマホを持てない困窮者には不平等。紙ベースでの商品券にするべき」**という主張が各地でありました。紙の商品券は確かに誰でも使えますが、同じ予算を使うのであれば、紙の商品券のほうが事務費がかかりますし、何より時代の流

れはキャッシュレスです。商店側にも紙の商品券は換金に手間がかかるというデメリットがあります。「キャッシュレスだと使えない人がいるから紙にしよう」ではなく、**多くの人が喜ぶキャッシュレスを採用しながら、それを使えない人への手立てを別途考えるべきなのです**。

　国が推し進める「GIGA スクール構想」において、「令和時代のスタンダードとしての1人1台端末環境」を合言葉に PC 端末が配布されることとなりました。この際には「せっかく端末が配布されているのだから学校で使うだけではもったいない。家で持ち帰っての使用を認めるべき」という声が各地で上がりました。一見そのとおりだなと思うわけですが、ここでも「家に Wi-Fi 環境がない子もいる。**不平等なので学校でのみの使用とする**」という意見が顔を出します。これが「悪平等」です。

　そこで思考を停止せずに、「**Wi-Fi 環境がない家庭に対しては、ポケット Wi-Fi を貸し出す**」などの対応が取れれば問題ないはずです。仮に、そのポケット Wi-Fi を貸し出すこと自体を「不平等」だとする意見があったとしても、そんな意見は無視して差し支えないですし、企画政策担当側からその「悪平等」を持ち出して予算を削るなどもってのほかです。

　政策予算を査定する際には「みんなで不幸になろう」とする誤った判断をしないように心がけましょう。

⑥「土地・建物」の寄附受領は慎重に

　「私にはもう身寄りがないので、土地と家屋を寄附したい」

　少子高齢化に伴い、全国的にこうした申し出が増えているようです。大変ありがたいお話なのですが、あらかじめ条件を整理しておかないと後々苦労することになってしまうため、注意が必要です。

　端的に言ってしまえば、「**現金ならば受ける**」「**土地や家屋はすぐに現金化できるものでなければ受けない**」くらいの基準は持っておくべきでしょう。

　現金であれば、比較的容易に寄附者の意向に沿った形での活用が可能です。例えば、「高齢者のために使ってほしい」「青少年の育成のために使ってほしい」という意向であれば、その分野に充当を行います。仮に相当高額な寄附を受ける場合には、条例を制定したうえで基金を設置、

複数年度にわたって事業を行ったり、充当したりすることが可能です。

　一方で土地であれば、例えば「新たな公共施設の建築計画があったが、土地が見つかっていなかった」「都市計画道路の代替地を探していた」など「買ってでも欲しい」「渡りに船」であるケースを除いては、受領するかどうか非常に慎重な検討が必要です。**基本的には、売却後に現金を寄附していただく方向で調整をすべきでしょう**。それが叶わない場合は、「受領後に売却可」という条件で受領すべきです。

　「とりあえず（あるいは、せっかくなので）もらう」→「その後に活用方法を検討する」といった考え方では、間違いなく失敗します。また、細かい話だと思われるかもしれませんが、隣地との境界確定が済んでいるかということも意外に重要です。誰もがすぐに境界確定に応じてくれるわけではありません。なぜか相手が役所だとわかると、途端に強硬な態度になる人もいます。トラブルの芽は事前に摘んでおきましょう。

　建物（家屋）付きの土地は、さらに慎重な判断が求められます。この場合も、基本線は上記と同様です。**土地だけがどうしても欲しいのであれば更地化をお願いし、それが難しいのであれば「建物は壊してよい」という条件で受領することが必要です。**

　一見、大変ありがたいお話であるにもかかわらず、なぜ慎重にならなければならないのでしょうか。

　「この木は亡くなった母が大事にしていたので残してほしい」「建物は思い出があるので残してほしい」「子どもたちのために使ってほしい」「高齢者の居場所にしてほしい」等々の諸条件がある場合は、その条件がボトルネックとなり、後々調整がかなり大変になるからです。普通財産として貸し出すにしろ、条例を制定して公の施設にするにしろ、「バリアフリー化」「耐震化」が必須となり、多額の費用が発生します。

　近隣住民にとっても、不特定多数の住民が出入りするとなると、「目線が気になる」「騒音が気になる」「防犯面が気になる」といった声が上がります。そうしたことへの対策が求められるほか、「実は近隣トラブルを抱えていた」等々、土地・建物の寄附にまつわるトラブルは全国各地枚挙に暇がありません。**良かれと思って受領した結果、負の遺産になってしまう可能性すらあるのです。**

⑦ビルドアンドスクラップを評価する

　多くの自治体が毎年度の予算編成には大変苦労しているはずです。社会保障費は年々増大化し、少子化が進む一方で自治体間競争の焦点は子育て関係予算という時代です。加えて、多くの自治体が物価高騰への対応や公共施設の老朽化対策といった課題を抱えています。その他に各自治体が抱える固有の課題も多いことでしょう。

　「予算のことは財政担当」ではなく、庁内全体のかじ取り役として企画政策担当も予算の全体の動向には常に気を配り、財政健全化の観点を常に頭に入れておくべきです。

　そこで、政策予算の査定においても、原課の「ビルドアンドスクラップ」を評価していきましょう。「スクラップアンドビルドじゃないのか」という声が聞こえてきそうですが、これは考え方の違いによります。

　行政における「スクラップアンドビルド」は既存事業を見直し（スクラップ）することで、その財源を使って新しい事業を行う（ビルド）という考え方です。しかし、一度始めてしまった既存事業の見直しはそう簡単にはいきません。「最初からない」状況への不満よりも「もらったものが取り上げられた」という既得権を取り上げられるような状況への反発・ハレーションの方が大きいということは先に述べたとおりです。

　「ビルドアンドスクラップ」は、**まず先に新規事業を立ち上げ（ビルド）、その事業の財源を生み出すために既存事業を見直し（スクラップ）して**いくことです。新規で立ち上げる事業は、新たな行政ニーズに基づく優先度が高い事業になるため、その事業より優先度の低い既存事業を見直していくという理屈です。「この新規事業のほうが優先順位が高いので、この既存事業は見直しを行います」と、説明する際に目的をはっきりと明示できるという特徴があります。

　言葉の定義などはさておき、いずれにしても原課が新規事業を生み出すためにこうした財政健全化に向けた努力をしているのであれば、そのことを最大限評価していきましょう。**最もやってはいけないことは、「新規事業は採択しないが、スクラップした事業はそのまま予算を削減すること」**です。これをやってしまうと、原課の信頼を損なうばかりか、二度と事業のスクラップを提案してくれなくなってしまいます。

4│7 ◎…「首長」とうまく 付き合うコツ

▶▶ 落としどころを見つけるのも企画政策担当の仕事

「コロナ対策として全市民に現金○万円を支給します！」

コロナ禍の首長選挙では、こんな選挙公約を掲げる候補者が相次ぎました。こうした報道を目にするたび、「中の人（企画政策担当）は大変だな……」と思ったものです。公務員であれば、一見して**「実現性も怪しい、選挙向けのバラマキ公約だな」**と感じ、眉を顰めたくなるところですが、実際に当選した候補者もいました。しかし、その後を追うと、公約そのままの金額を現金支給できている例はほとんど見当たりません。

一方、「公約違反だ」とリコール運動が起きたという話を聞くこともありません。現金では支給できなかったとしても、地元商店で使える商品券を支給していたり、金額を下げて支給していたりするからです。つまり、**まったく実施しないのではなく「落としどころ」を見つけて対処**しているのです。その陰では企画政策担当が汗をかいています。

例えば、財源は財政調整基金で、公約を実施すると残高が枯渇してしまうような場合、いくら選挙公約でも、企画政策担当も財政担当も簡単にGOサインは出せません。また、当然に予算の議決が必要なため、議会の多数派の理解が必要となります。議会の理解を得られないまま予算を提出し、「議会が否決したのだから議会が悪い」と開き直ることは簡単ですが、その後の議会との関係を考えても完全な悪手です。

4-6で首長が選挙公約に掲げた事業は、「よほどのことがないかぎり」は採択が前提と述べましたが、こうしたケースが「よほどのこと」です。

往々にして、このような公約の落としどころは、給付額を下げたうえで、貯蓄に回らずに確実に地元で消費される**「商品券の配布」**といった

ところに着地します。額を下げて全体の予算を圧縮するとともに、使途に制限がないため貯蓄に回る可能性も高い現金給付ではなく、地元商店でしか使うことができない商品券にすることで地域経済の活性化に寄与するという新たな効果が生まれます。こうした制度構築を行うことで、「地域経済の活性化につながるのであればやむなし」と議員の理解も得やすくなります。

また、公約に掲げた首長としても、金額と形（現金→商品券）が変わっても、**公約を完全に撤回したことにはならず、体面を保つことができます**。首長の意向を尊重しつつ、このような落としどころや対外的な説明を考えるのも、首長のブレーンたる企画政策担当の仕事なのです。

▶▶ 首長は意外に孤独、懐に入ってしまおう

さて、企画政策担当になる前、皆さんは首長と接する機会はどのくらいあったでしょうか。秘書や総務官房系の部署を除き、管理職以外の職員にとっては、会話どころか見かけることすら滅多になく、SNSや報道で見るだけということもあるかもしれません。

企画政策担当になると、ブレーンとして頻繁に意見交換をしたり、ときに進言したりと途端に首長と深い関わりを持つことになります。

管理職になって初めてわかったのですが、**管理職は皆さんが思っている以上に孤独**です。職位が上に上がるたびに相談できる上司が減っていくため、一人で悩むことも多くなります。

ときには上から「誰にも言うな」という条件つきで指示を受けることもあります。自治体によってはプレイングマネージャーにならざるを得ない管理職もいますが、基本的に、管理職の仕事はマネジメントに専念することです。皆で共同作業で仕事をこなしていくよりは、一歩引いて俯瞰的に職員の仕事を見守る側になります。したがって、同じ課の中でもポツンと外にいるような感覚に襲われることがあるのです。

また、管理職になると、途端に各種ハラスメントに対しての意識が高まり、**雑談1つでも不用意な発言に気をつけるようになり、気軽に話しかけにくくなっていく**のです。皆さんも管理職に対して壁を感じると

思いますが、管理職も同様に部下との間に壁を感じているのです。

　ここで話を首長に戻します。なぜこんな話をしたかと言えば、「**首長も孤独**」**な存在**だということなのです。管理職よりもさらに相談できる人は少なく、部下である職員との壁もさらに高く厚いものです。職員出身の首長ではなく、外から来た首長であればなおさら孤独なはずです。皆さんのほうから、どんどん懐に入っていきましょう。首長もそれを求めているはずです。何せ、孤独なのですから。

　親交のある自治体の企画政策担当から聞いた話です。その人が以前仕えた首長は感情の起伏が激しく、非常に近寄りづらかったそうです。秘書にその日の機嫌を尋ね、機嫌が良いときでなければとても説明に入れないような関係性だったそうです。こんな関係性では、まともにブレーンとして機能するのは難しくなってしまいます。

　身近にいて、頻繁にやり取りする以上、ある程度の人間関係を構築していく必要があります。**思い切って懐に入っていくことが重要**なのです。以前仕えた首長は、こちらが言いにくいことをモゴモゴとオブラートに包んで話をすると、「有り体に言えよ、有り体に」と向こうから胸襟を開いてくれていました。首長からこのように言ってもらえれば、こちらも思い切って話ができるようになります。企画政策担当として円滑に仕事をしていくためには、首長との良好な関係構築は必要不可欠です。

▶▶ 首長からの誘いは断るなかれ

　関係性ができてくれば、ときに首長から、食事や飲み会への誘いを受けることもあるでしょう。よほどの先約でもないかぎりは、「そんな昔の付き合い方」と敬遠せずに、迷うことなく誘いは受けましょう。**誘われること自体が首長から信頼の証**ですし、まだそこまでの関係性でもない場合には、**首長による歩み寄りたいという意思表示**なのです。

　こうしたオフの場を供にすることで、普段の役所では見ることのできない首長の人柄が垣間見えたり、本音を聞くことができたりするかもしれません。ときに政治の裏話を聞くこともできます。近年言われるタイパ（タイムパフォーマンス）を考えても、その2、3時間は決して無駄

にはならないでしょう。間違いなく、その後の仕事のやりやすさにつながるはずです。人柄や価値判断の基準も見えてくるでしょう。首長のことをより深く知ることのきっかけとなり、仕事を進めるにあたって、「きっと、これでは納得してもらえないだろうな」「もっとこういう言い方をすれば通りやすいだろうな」といった感覚が次第につかめてくるのです。

そして、忘れてはならないのは、**そこで得た情報、裏話などは「他言無用」**だということ。必ず自分の心に留めておいてください。「この前、首長と飲みに行ったらこんなこと言っててさ……」などとひけらかしたくなる気持ちが出てくるかもしれませんが、信頼を損なうことになりますので絶対にやってはいけません。

▶▶ 首長に「YES」と言わせるテクニック

企画政策担当として、どうしても通したい企画・予算は、説明の際に**メリットを強調して説明する**ようにします。当然、嘘をついてはいけませんが、嘘にならない程度に盛って説明することまでは許容範囲です。ただし、デメリットがあるのであれば、併せて説明しておくことは絶対に必要です。そんなものはそもそも上げないと思いますが、致命的なデメリットがあるのであればそれを隠しておくのは最悪です。

近隣自治体の動向を知らせることも有効です。自治体はどこも概ね同じような事業を行っています。それゆえ、何か課題が出てきた際に政治家である首長が気にすることは「近隣自治体はどうなっているのか」ということです。

首長は日頃から有権者に、「隣の市ではこういうサービスがある。なぜ、うちの市にはないのか」「隣の市に比べてうちの市は○○だ」などとさんざん言われているのです。

有権者が首長にこのような近隣比較で要望をする際、「うちは隣市に比べて○○が優れているね」「隣市に比べて□□のサービスが使いやすい」といった話は滅多にされません。そこで、近隣自治体の動向をあらかじめ押さえておき、「近隣のA市ではこのように対応しているようです」「近隣数市に問い合わせたところ、多くがこちらを選んでいました」「近

隣市でこのような同様事例がありました」と情報を入れ、判断材料の1つにしてもらうのです。

同時に、「確かにA市では本市よりも○○の面では上ですが、本市のほうが□□のサービスでは上です」「市民からもB市よりも◇◇は使い勝手が良いと評判です」と、**近隣自治体よりも優れている面についての情報も入れておくようにします**。こうすることで首長が市民に対して抗弁できるようになります。

また、政治家は総じて「アピール上手」な人が就く職業です。引っ込み思案な政治家はいないでしょう。したがって、仮に他自治体と同様な事業であったとしても「**独自の付加価値**」をつけるのも有効です。

「この事業は一見、他自治体と同じですが、○○については他自治体にはない本市独自のサービスです」「□□という点については近隣市ではどこにも見られません」といったアピールポイントがあると、グンと「YES」と言ってもらえる確率が高まります。他自治体との差別化が「独自の付加価値」としてアピールポイントとなり、**首長が胸を張って対外的な説明ができる**からです。

性格を分析して攻め方を考えていくことも必要です。「情に厚い首長には情に訴える」「市民の声を第一に考える首長には市民アンケートの結果などを使ってプレゼンする」「数字が好きな首長にはデータを多く示す」などです。

▶▶▶「説得」は試みても「論破」してはいけない

首長としっかりとした人間関係が築かれ、信頼関係が深まっていても、職員は、あくまでも首長の補助機関であることを忘れてはいけません。

企画政策担当ができることは、**首長が正しい判断を下すことのできるよう、材料を提供する**ことです。ときに首長の判断に対して、「論理的な判断ではない」「言っていることが感情的だ」などと感じることがあるかもしれません。しかし、そのような場合でも、企画政策担当ができることは「説得」までです。客観的なデータや世論を用いて「我々（企画政策担当）としては以上の理由でこのように考えます」と言うところ

まででしょう。

「首長の判断では、○○という理由で矛盾しています」「□□という理由で論理破綻しています」などと「論破」してはいけません。

「論破」をすることは首長のメンツをつぶしてしまうことです。仮にそれを首長が受け入れてくれたとしても、必ずしこりが残ります。最終的な判断はあくまでも政治家である首長が下し、職員はそれを尊重しなければなりません。仮に納得のいかない判断を首長が下したとしても、それが民意であると割り切りましょう。それが皆さんから見て「誤った判断」だとしても、その審判は次の選挙で市民が下すことです。

「これは説得できるような状況ではないな」と思ったときは、首長の判断を尊重したうえで、丸呑みするのではなく「楔」を打ち込んでおくようにします。

例えば、「あまり例のない事業ですので、当初2年間は『試行』としてはどうでしょうか」「今回は少し時間が足りませんので、まず調査研究の予算をつけてはいかがでしょうか」と、仮にうまくいかなければ引き返せるプロセスを入れ込むのです。

あるいは、「方向性は承知いたしました。細かいプロセスについてはお任せいただけますか」と首長の意向を汲みながらも（またはそう見せながらも）、どこかにこちらの意向を入れ込めるように備えておく手もあります。

もっとも、信頼関係があれば「説得」を受け入れてもらうことができ、「論破」をする必要などないでしょう。ときに、首長によるパワーハラスメントや信じられないような専決処分、はたまた「こんなおかしな政策判断、誰か止める人いなかったのかな」と思わざるを得ないような報道を目にすることがあります。

このようなケースの背景には、首長と職員との「信頼関係の欠如」があると見て間違いありません。信頼関係があれば、ハラスメント事案が起きるはずもありませんし、周りの自治体から見て明らかにおかしな政策判断を職員が提案していることはまずありません。周りの意見をまったく聞き入れない首長の独断か、職員以外の誰かに入れ知恵された結果と見てまず間違いありません。

第 5 章

庁議の運営

5 | 1 ◎…「最高意思決定機関」庁議の役割と機能

▶▶ 庁議は「最高意思決定機関」

庁議は、理事者（一般的に首長・副首長・教育長）と局長級や部長級といった幹部職員による自治体の「最高意思決定機関」であり、民間企業でいう「最高経営会議」「取締役会」の位置付けです。自治体における**行政運営の基本方針や重要施策の審議や方向性を決定するとともに、各部局間相互の総合調整**を行います。行政の計画的かつ効率的な執行を図るための会議です。

自治体によって、「庁議」の他に「政策会議」「部長会議」を設けていたり、それらの会議体を総称して「庁議」と定義していたりする自治体もあります。いずれにしても、これら重要会議の事務局を担い、円滑な議事進行を行うことは、企画政策担当の重要な仕事の1つです。**首長の一言で場が凍りつくような瞬間、議論の落としどころを探すファシリテーション、幹部職員同士の激論、鶴の一声で政策が動く瞬間**など、自治体の中枢での政策決定の現場に立ち会うことができるのは、企画政策担当の仕事の醍醐味の1つでもあります。また、これから管理職になる人にとっても、意思決定の過程を知ることができるかけがえのない経験となるでしょう。

▶▶ 庁議で取り扱う案件

庁議で取り扱う事案・事項は、各自治体のローカルルールによって多少の差はあるかと思いますが、私が勤務する国立市ではおおまかに図表7のような整理となっています。

図表7　庁議で取り扱う事案・事項

議　　　題	市議会提出議案及び一般質問に関する事案
付　　　議	庁議での意思決定・協議を要する事案
報　　　告	庁議にて報告を要する事項
その他報告	庁内にて情報共有を要する事項

①議題

主に**議会に関する事項**を扱います。各定例会前には提出議案の確認、一般質問に対する対応の確認などを行います。また、定例会後にはその定例会の総括を行うほか、決算委員会の前に各部の懸案事項を共有するなどしています。

例えば、「令和○年市議会第○回定例会一般質問について」「決算特別委員会への対応について」などがあります。

②付議

庁議での**意思決定、協議を要する事案**です。自治体としての意思決定が必要な重要事項、全庁に関わる方針、計画の決定等について諮ります。このような重要事項に関して、「（案）」の形で付議し意思決定を行い、合意されれば「（案）」を取ることとなります。庁議に付すべき事案については、「国立市庁議等の設置および運営に関する規則」において以下のとおり定められています。

（1）市行財政運営の最高方針

「令和○年度行政経営方針」、「行財政改革プラン」などが該当します。

（2）総合基本計画の策定及び調整に関する事項

総合計画を策定する際の基本方針やスケジュール等を庁内合意します。

（3）重要施策の執行方針、主要事業計画及び執行状況に関する事項

「○○沿線まちづくり方針の策定について」「国土強靱化地域計画の策定について」「地域防災計画の修正について」「災害廃棄物処理計画の策定について」など、自治体の重要な計画や方針について庁内合意します。

（4）予算編成及び予算案に関する事項

「令和○年度予算編成方針案について」「令和○年度当初予算につい

て」「令和○年度～○年度実施計画案について」などが該当します。

(5) 組織、人事、定数及び財政に関する基本事項

「組織改正案」「定員管理計画案」「令和○年度定期異動方針について」などが該当します。

(6) 各部及び組織相互間において、特に調整を要する事項

「○○対策に関する庁内検討会の設置について」「所掌事務の整理について」「地方公務員法改正に伴う定年延長について」など、全庁（全職員）に関連する事項について付議するものです。

(7) 特に重要な行事及び報告に関する事項

「令和○年度防災訓練について」など、全庁で取り組む行事等について付議するものです。

(8) 市議会に提出する重要な議案に関する事項

「○○基本条例案について」など、新設の条例案や議会で議論を呼びそうな条例案などについて付議するものです。

③報告

すでに決定している方針、動き出している計画の進捗状況などを報告し了承を得たり、担当部の単独計画などについて報告し意見を求めたりするものです。また、その他全庁に関わる事項について報告します。例としては、「第○期△△計画の進捗状況について」「○○に関するガイドラインの作成について」「東京2020聖火リレーについて」「国からの○○対策交付金について」などが挙げられます。

④その他報告

情報共有や庁内周知の意味合いが強いものです。例えば、「○○党からの予算要望について」「○○イベントについて」などがあります。

▶▶▶ 規則等で見る庁議

庁議については、ほとんどの自治体が規則や規定（規程）を設けています。参考までに人口（令和2年国勢調査による）規模別（30万人以上、

10万人以上、10万人以下）に3つの自治体の例規を見てみましょう。
なお、各自治体が公開している例規類集から引用したものです。

①群馬県前橋市（人口 332,149 人）

○前橋市庁議等設置規程（抄）

（設置）

第1条　市政運営の基本方針及び重要施策の決定並びに行政部門間の総合調整を円滑に行うほか、市政方針の周知並びに情報及び意見の交換を図り、もって市政の適正かつ効率的な執行を図るため、庁議及び調整会議（以下「庁議等」という。）を設置する。

（庁議）

第4条　庁議は、市政運営の基本方針及び重要施策の決定、市政に関する重要方針の周知並びに情報及び意見の交換を行うものとする。

（主宰及び構成）

第5条　庁議は、市長が主宰し、市長、副市長、教育長、公営企業管理者及び部長等をもって構成する。

（付議事案）

第7条　庁議に付議する事案は、審議事項及び報告事項とする。

2　審議事項は、次のとおりとする。

⑴　市政運営の基本方針の決定に関すること。

⑵　重要な事務事業の計画決定及び事業調整に関すること。

⑶　重要事項に対する市の見解の統一に関すること。

⑷　重要な行事の決定に関すること。

⑸　その他市長が必要と認めること。

3　報告事項は、次のとおりとする。

⑴　重要な事務事業の執行に係る報告又は連絡に関すること。

⑵　法令等の制定及び改廃並びにこれに伴う国、県等の動向に関すること。

⑶　調整会議において協議等が行われた事案の報告に関すること。

⑷　調整会議に準じる庁内委員会等において方針決定された事案の報告に関すること。

⑸　その他市長が必要と認めること。

（調整会議）

第10条　調整会議は、庁議に付議する事案のうち、行政部門間で横断的
　　　な調整を図る必要のある特に重要な事案についてあらかじめ協議し、
　　　及び必要な調整等を行うものとする。
　（主宰及び構成）
第11条　調整会議は、未来創造部政策推進課を主たる所管とする副市長
　　　が主宰し、総務部長、未来創造部長、財務部長及び政策推進課長並び
　　　に事案を所管する部長等をもって構成する。

　　第7条で**付議事案を審議事項と報告事項に分けて要件定義**していま
す。同条第2項の第3号では、「重要事項に対する市の見解の統一に関
すること」とあり、重要案件について担当ごとに見解が異なっては困る
ため、庁議で統一をしっかりと図っていくことが明示されています。
　　第10条では「行政部門間で横断的な調整を図る必要のある特に重要
な事案についてあらかじめ協議し、及び必要な調整等を行う」場として
「**調整会議**」が位置付けられています。副市長以下、いわゆる官房系の
部長と企画政策を所管する政策推進課長という**コアメンバーで議論を行
い、粗ごなしを行った後に庁議にかけられている**ことが伺い知れます。

②千葉県我孫子市（人口130,510人）

　　○我孫子市庁議設置規則（抄）
　（設置）
第1条　本市における行政運営の基本方針及び重要施策を審議決定する
　　　とともに、各部局間相互の総合調整を行うことにより、市政の計画的
　　　かつ効率的な執行を図るため、庁議を置く。
　（付議事案）
第2条　庁議に付議する事案は、決定事項及び報告事項とする。
　2　決定事項は、次に掲げるものとする。
　　⑴　市の行政運営の基本方針及びこれに係る執行計画に関する事項
　　⑵　重要な施策及び事務事業並びに事務事業評価の結果を踏まえた改
　　　善その他市全体の業務管理制度に関する事項

(3) 予算編成方針に関する事項

(4) 条例並びに重要な規則、規程及び要綱の制定又は改廃に関する事項

(5) 組織、人事、財政その他重要な制度、手続等の制定又は改廃に関する事項

(6) 各部局間相互の調整を要する重要な事項

(7) 国又は県に対し提出する要望、意見等のうち特に重要な事項

(8) 第10条に規定する推進会議の設置に関する事項

(9) 庁議の構成員からの提案に関する事項

(10) 前各号に掲げるもののほか、市長が必要と認める事項

3 報告事項は、次に掲げるものとする。

(1) 予算案に関する事項

(2) 法令（県の条例及び規則を含む。）の制定又は改廃及び国又は県の指示、通達その他国又は県の動向で市の行政運営に重要な影響を与えると認められる事項

(3) 国又は県の主催する会議、市長会及び都市相互間の会議等において協議された事案で、市の行政運営に重要な影響を与えると認められる事項

(4) 市議会提出議案に関する事項（前項に掲げる決定事項を除く。）

(5) 部の運営方針、重要な事務事業の進行管理、施策及び事務事業評価の結果に関する事項

(6) 各部局において庁議に報告を要すると認められる事項

(7) 前各号に掲げるもののほか、市長が必要と認める事項

（調整会議）

第7条 調整会議は、庁議の円滑かつ適正な運営を図るため、第2条第2項に掲げる事案について事前に調査検討を行い、部門間相互の意思疎通を図るための意見交換、情報連絡を行う。

2 調整会議は、庁議に付議すべき事案を定める。

　別表第1で**庁議の参加者は理事者と部長級職員**が規定されています。前橋市同様に第7条では「庁議の円滑かつ適正な運営を図るため」に「調整会議」が設けられ、事前の調査検討や意見交換がなされ、付議すべき事案かどうかを決める仕組みが取られています。構成員は別表第2において市長、副市長、企画総務部長、財政部長とされています。**実質的な**

議論と意思決定はこの「調整会議」で行われているはずです。

③東京都国立市（人口77,130人）

○国立市庁議等の設置および運営に関する規則（抄）
　　　第1章　総則
（設置）
第1条　市政運営の最高方針及び重要施策等を審議・決定するとともに、市行政機関相互の統合調整を行い、もつて市行政の総合的、効率的な遂行を図るため、庁議及び課長連絡会議（以下「庁議等」という。）を置く。
（目的）
第2条　庁議等の目的は、次のとおりとする。
　⑴　庁議は、市の行財政の最高方針、重要施策等を審議、決定する。
　⑵　課長連絡会議は、庁議決定事項その他重要事項についての連絡及び市行政機関相互の協調と意思疎通を図る。
　　　第2章　庁議
（構成等）
第3条　庁議は、市長の主宰の下に次の各号に掲げる者をもつて構成する。
　⑴　副市長及び教育長
　⑵　部長及びこれに相当する職にある職員
　⑶　その他市長の指定する職員
2　市長は、必要があると認めるときは、事案に関係のある部課の職員を出席させるものとする。
3　議会事務局長は、付議事案の表決に加わらないものとする。
（付議事案）
第4条　庁議に付議する事案は、次の各号に掲げる事案とする。
　⑴　市行財政運営の最高方針
　⑵　総合基本計画の策定及び調整に関する事項
　⑶　重要施策の執行方針、主要事業計画及び執行状況に関する事項
　⑷　予算編成及び予算案に関する事項
　⑸　組織、人事、定数及び財政に関する基本事項
　⑹　各部及び組織相互間において、特に調整を要する事項

⑺　特に重要な行事及び報告に関する事項
　⑻　市議会に提出する重要な議案に関する事項
　　　第3章　課長連絡会議

（構成）
第7条　課長連絡会議は、政策経営部長の主宰の下に、課長及びこれに
　　相当する職にある職員をもつて構成する。

　国立市は、比較的シンプルな規定です。第3条第3項に「議会事務局長は、付議事案の表決に加わらないものとする」との規定があります。これは、地方自治法の規定を受けての条項です。地方自治法第138条では、議会事務局長は「議長がこれを任免する」とされており、さらに「議長の命を受け、（中略）議会に関する事務に従事する」とされています。したがって、**「行政当局の意思決定には関わらない」ことを明確にして**いるのです。

　第7条では「課長連絡会議」が定義されていますが、庁議の下部組織ということでもなく、全庁で共有すべき案件について周知徹底を図る意味合いが強い会議体です。

◎…庁議の事務処理は「段取り」「根回し」で決まる

▶▶ 付議事案の「調整」と「根回し」

「結論はそれでいいとして、ところでこの話はどっから出てきたんだっけ？　俺はまったく聞いてなかったんだけど」

担当課の説明が終わり、庁議メンバーからの意見があらかた出尽くしたかなというところで、それまで黙っていた首長の一言で場が一気に凍りつく──。こんなことが起きないように、庁議の事務局である企画政策担当にはしっかりとした事前準備が求められます。

すでに述べたとおり、庁議は自治体の最高意思決定機関です。とりわけ、議会定例会前や年度末は重要案件が数多く審議されるため、円滑な事務処理を行うことが求められます。

仕事を円滑に進めるためには、どんな組織でも「ホウレンソウ」が大切だと言われます。皆さんもご存じのとおり、「報告」「連絡」「相談」の頭文字を取ったものですが、私はこれに**「段取り」「根回し」を加えた「ホウレンソウダネ」**を推奨しています。

庁議のような事務処理については「段取り」と「根回し」がポイントになってきます。

特に付議事案を事前に調整する「段取り」が重要になります。**そもそも付議すべき案件かどうか、理事者との事前の調整はどこまで済んでいるのか。**これらをしっかりと確認しておけば冒頭のようなことは起きないはずです。5－1で紹介した我孫子市では、我孫子市庁議設置規則の第5条において、次のように手続きが示されています。

> 第5条　庁議の構成員は、庁議に付すべき事案があるときは、庁議付議
> 書（別記様式）に必要事項を記入の上、資料を添えて、原則として庁
> 議開催7日（市の休日を除く。）前までに企画担当部長に提出するも
> のとする。
> 2　企画担当部長に、前項の付議要求のあつたときは、調整会議を経て庁
> 議に提出するものとする。

　7日前までに担当課から上がってきた付議事案候補は調整会議で前さ
ばきされ、庁議に提出される流れです。細かい事務処理手順は自治体の
ローカルルールによりますが、ここでは国立市の例をご紹介します。

①付議事案の取りまとめ

　庁議付議案件は、庁議開催日の3日前（土日祝日除く）の午後5時を
提出期限としています。国立市の場合は、原則として庁議開催日が火曜
日のため、期限は木曜日の午後5時までになります。庁議がイレギュラー
的に木曜日の開催であれば、月曜日の午後5時がリミットになります。
ここでは**付議案件名と内容、庁内の調整状況を確認**します。

　それ以前の手続きとして、まず付議内容について事前に案件担当部課
内及び庁議事務局である政策経営課（本書でいう企画政策担当）との協
議を求めています。その際、まだまだ煮詰まっていないような内容であ
れば差し戻しを行い、政策的観点から方向性におかしなところがないか
等をチェックします。報告事項レベルの軽微な内容にもかかわらず、「庁
議のお墨付きが欲しい」という思惑で出そうとしてくるケースもあるた
め、**本当に付議すべき案件かどうかを判断すること**も必要です。

　そのうえで、付議すべき案件であれば、提出前に理事者への報告・調
整を必ず済ませてもらいます。必要に応じて企画政策担当が立ち会い、
補足的に説明を行う場合があります。**この事前の理事者への報告・調整
を「段取り」として必ずこなしておくことが重要**です。また、これも必
要に応じてとなりますが、庁内関連部局との調整を済ませてもらうこと
も必要です。**庁議の場で関連部長から「異議」が出ないよう「根回し」**

をしておいてもらうのです。

　案件担当課には、ここまでを上記の期限までに済ませてもらい、その状況をきちんと確認したうえで庁議当日を迎えるようにします。

②付議資料の確認

　付議資料については庁議開催日（原則として毎週火曜日）の前日正午までを提出期限としています。なお、国立市においては庁議をペーパーレスで行っており、付議様式、庁議資料、補足資料すべてを原則PDFデータで提出することとなっています。提出された資料については、庁議資料としてふさわしいかチェックを行います。付議様式において、**①付議目的**、**②経過及び現状**、**③具体的な**措置を記載することになっています。これらが整理されているかを確認します。

③報告事項の取りまとめ

　報告事項のうち、重要なものについては事前に理事者に報告を済ませてもらいます。重要性の判断については、各部に一任されています。事務局への連絡及び資料提出の期限や方法は、付議事案に準じられています。

　案件が提出された際に見るべきポイントは、**「全庁にまたがるような案件で、報告ではなく、付議すべきではないか」**というような点です。ときには、本来付議すべき案件であるものの、規定事実であるかのような印象を持たせるために「報告事項で済ませたい」という意図が透けて見えるものもあります。こうしたものについて、報告事項で済ませず、付議すべきではないかといった視点で検討を行います。

▶▶ 開催日時・場所の「段取り」

　庁議は理事者と幹部職員（国立市の場合は部長級職員）が構成メンバーですので、これらのメンバーの予定をその都度調整することは現実的ではありません。したがって、国立市の場合は原則として毎週火曜日の午前10時からと決まっています。

　5−1で触れた前橋市では「毎月第2及び第4火曜日に開催する」、我孫子市では「原則として毎月1日及び15日に開催する」と自治体によっては規則等で明文化している場合もあります。

　いずれにしても、あらかじめ日時をしっかりと決めておくことで、理事者を含めて出席者は年間を通してそこの予定を空けておくことが求められます。また、庁内的にもその時間が庁議であることがわかっているので、そこに合わせて予定を組むことができます。

　ただし、主に首長の日程や議会日程の都合により、イレギュラーな日にちでの開催を余儀なくされることが往々にしてあります。秘書担当と綿密に連絡を取り、庁議日程に他の公務が入るような際はすぐに一報をもらうようにしておきます。決まってから連絡をもらうのではなく、**「日程変更の可能性がある」段階で情報をもらっておき、他の庁議メンバーにもその情報は共有**しておきます。なお、秘書担当とは日頃から円滑なコミュニケーションを図り、強固な関係性を築いておくことが求められます。首長の日程調整をする際にも、よほどのことがないかぎり庁議日程を優先してもらうように頼んでおきましょう。庁議日程がコロコロ変わってしまうと、他の庁議メンバーのスケジュールはもちろんのこと、事務局である皆さん自身の仕事スケジュールも変更を余儀なくされてしまうからです。

　場所については、庁議専用あるいは優先的に使える会議室があればそこになりますが、そのような会議室を持っていない場合は場所を押さえることが最優先課題となります。管財担当課と調整を行い、年間ベースで同じ会議室を抑えるようにしましょう。

▶▶▶ 円滑な進行のための「根回し」

　庁議は理事者と幹部職員を一定時間拘束するわけですから、効率的な運営が求められます。調整過程において**「○○部長はどうやら一家言ありそうだ」といった情報が寄せられた場合には、事前にさりげなく話を聞きに行く**ようにします。そこで聴いた話は案件担当課と上司に報告して、事前に消せる火種であれば担当課に消しておいてもらいます。自分

では聞きにくい相手の場合には上司に対して情報を入れておき、事前に当たってもらいましょう。

　また、案件の説明を行う課長に対しても事前にコンパクトな説明をお願いしておきます。稀に資料に書いてあることを端から全部読み上げる課長がいますが、まったく時間の無駄です。忙しい出席者のフラストレーションを溜める結果ともなります。こうしたことがないよう、事前に調整を行います。

　このような一連の「根回し」が円滑な庁議運営につながるのです。

▶▶▶ 議事録の公開・非公開

　国立市は、**庁議の議事要旨をホームページで公表**しています。付議事案については審議要旨も公表しています。付議事案の概要、集約内容、主な意見・質疑・確認事項等です。原則として、次回の庁議の冒頭で確認後、公表していますが、**案件次第で非公開とする**場合もあります（個人情報が含まれるような場合、交渉相手がいる場合などは非公開）。この議事録を作成することも事務局である企画政策担当の仕事です。

　時代の要請もあり、多くの自治体が庁議の議事録を公開しています。性質上、なかなか逐語録を掲載するのは難しいですが、少なくとも要旨については行政の透明性の確保、説明責任の観点からも公表すべきです。

　なぜ逐語録を掲載するのは難しいのか。本来情報公開を進めるためには逐語録が望ましいはずです。一方で、近年、組織力を高める概念として「心理的安全性（psychological safety）」が注目されています。「心理的安全性」とは、ハーバード大学の組織行動学者エイミー・エドモンドソン教授が提唱した概念で「組織の中で自分の考えや気持ちを安心して発言できる」状態をいいます。

　「心理的安全性」が高い組織は活発で働きやすいといわれていますが、**逐語録での議事録が公開される条件下では、とてもこの「心理的安全性」が保たれているとはいえません。**通り一遍の建前論しか展開されないでしょう。

　事実、公の場である議会での発言に際しては、公務員は非常に言葉を

選びます。今ではインターネット中継がある自治体も増え、全世界に配信されるわけです。歯切れの悪い、慎重に慎重を重ねた答弁が多くなるのはこのためです。

　こうした観点をふまえ、庁議の議論を活性化させるためには、**議事録は要旨程度の記載で十分**でしょう。稀に逐語に近い議事録を公表している自治体も見かけますが、詳細な議事録を公表している自治体ほど、深い議論は間違いなく別の会議体で済ませているはずです。仮に、**逐語録を掲載することとなれば、庁議が形骸化し、その前段の調整の場が活性化するだけ**のことです。

　同様に、庁議の傍聴が可能となっている自治体においても、深い議論は庁議とは違う別の会議ですでに済んでいると見て差し支えありません。政令市のような大きな自治体であれば、庁議にマスコミを入れて行うこともありますが、報道されることを前提としたある種の儀式のような会議であり、**すべての調整は水面下で進められている**のです。

5|3 ◎…意思決定プロセスの実際とは

▶▶ 「意思決定」と「議論」は別

　議員「庁議ではどんな議論があったのでしょうか？　反対する出席者はいなかったのですか？」

　執行部「お答えいたします。庁議では、特段反対の意見はございませんでした」

　議会等でこんなやり取りを耳にしたことはありませんか？　議会でも大きく賛否が割れる案件の際、ときに議員から庁議での議論の内容を問う質問が出ることがあります。こうした質問に対し、「庁議では多くの部長から異論・反論が続出しましたが、最終的には首長が押し通しました」といった類の答弁を見聞きしたことは、少なくとも私はありません。

　では、庁議で異論・反論はまったく出ないのでしょうか。もちろん、決してそんなことはありません。ただし、庁議はあくまでも「最高意思決定機関」ではありますが、実質的な審議や議論は多くの場合、庁議の前にすでに済んでいると見て差し支えありません。**庁議の場で激しい異論や反論が出ることは非常に稀で、そのような案件はよほど煮詰まっていないか、根回しがうまくいかなかった証左**になります。

　多くの場合、庁議は意思決定を行う場、大きな方向性を確認する場であり、細部について激しい議論を行う場ではありません。庁議は常日頃多忙な理事者に加え、多くの幹部職員が一堂に会し、ときに多くの案件を意思決定していく場です。そのため、煮詰まっていない案件を取り上げて長時間の議論を行うには単純に時間が足りないのです。また、最終的に合意形成を諮る理事者も、目の前で幹部職員が喧々諤々の議論を展開し、賛否が分かれているような状態では自信を持って決断することは

124

難しいでしょう。

　一般的に、**自治体規模が大きくなればなるほど「庁議」の枠組みが２層、３層の会議体となっています**。まずは一部の部長級の会議体で粗々議論を済ませておき、最終的に庁議で意思決定するような流れです。5－1で例に挙げたように、前橋市では庁議の前さばきの場として「調整会議」が位置付けられており、我孫子市でも同様に事前の調査検討や意見交換がなされる場として「調整会議」が設けられています。

　前橋市は副市長が主宰、総務部長、未来創造部長（企画政策担当の所管部長）、財務部長及び政策推進課長並びに事案を所管する部長が構成メンバーです。官房系の部長３人に加え、政策推進課長（企画政策担当の所管課長）、案件の担当部長で詰めを行っていることが伺えます。我孫子市は市長、副市長、企画総務部長、財政部長が構成メンバーです。両市とも、庁議の前さばきをこうしたコアメンバーで行っているのです。

　事前調整の場の意味合いを持つ会議体を持っていなくとも、少なくとも企画政策担当を経由して事前に理事者調整を済ませておくことが一般的です。国立市の場合も、5－2で触れたように、事前に企画政策担当である政策経営課との協議を求めています。**手続きに瑕疵はないか、対外的に公表できる段階なのか、議会に耐えうる内容か**など政策的観点で調整を行います。企画政策担当としてOKを出せる状況であれば、その後に理事者調整に入るわけですが、その理事者調整の場で実質的な意思決定がなされると言っても過言ではありません。その段階まで来れば、庁議で大きな反対があることは通常想定していないのです。

▶▶▶ 文書主義は民主主義の根幹

　さまざまな調整プロセスを経て最高意思決定機関である庁議で合意した事項についても、**最終的には決裁文書として起案し、決裁権者の決裁を受けて初めて完了する**ことになります。

　行政の仕事は「文書に始まり文書に終わる」と言われるように、自治体における意思決定は最終的には文書で行われます。文書（決裁文書）は、意思決定の根拠であり、証拠となるものです。自治体が行う政策や個別

の事業、さまざまな行政判断がどんな経緯で、どんな意図をもって行われたのか。市民に対して説明責任を果たすため、将来に検証することを可能にするためにも文書として記録しておくことが必要です。

▶▶ 「根回し」を上手に行えばやりたいことができる

　庁議や決裁文書のように表に出てこないのが「根回し」です。しかし、意思決定プロセスにおいて「根回し」は欠かせません。企画政策担当に限らず、何かの案件を通そうと思えば、庁議の場合でも理事者をはじめ、庁議メンバーである幹部職員、実質的な庁議の前さばきである会議の構成メンバー、関連部署の職員等への根回しが必要になります。

　庁議のルートの他に、決裁文書の合議が必要なポストの職員にも同様です。4－1を参考にキーパーソンを見極めつつ、**常に一家言あるような職員や、筋論・手続き論にうるさい職員などはもちろん、逆に応援してくれる味方を増やす「根回し」も重要です。**庁内でも声が大きく、力を持つ職員を味方につけることができれば、大きな推進力となります。こうしたキーパーソンたちには事前に、それもなるべく早く丁寧な個別説明をして回り、理解を得られるようにしておきましょう。

　企画政策担当である皆さんは、他部署の職員と比べ日頃から理事者や庁議メンバーと接する機会が圧倒的に多いはずです。また、意思決定プロセスを常に間近で見る機会が多く、見て学ぶことができます。このことは自治体職員としては大きなアドバンテージです。

　どういうことかというと、**こうした意思決定プロセスの裏表をよくわかっている企画政策担当は、「やりたいことができる」**ということです。やりたい新規事業、新規政策があった際に、「通し方」がわかっているからです。加えて、企画政策担当である皆さんは**直属の上司たちを納得させることができれば、事実上「企画政策担当との調整・折衝が必要ない」**ため、プロセスが1つ少ないのです。事実、私も係長時代、「直属の上司である課長にさえOKをもらえれば、何でもできる」といった感触を持っていました。根回しをしっかりと行い、やりたいことをどんどん進めていきましょう。

5 | 4 ◎…庁議「後」の時間を 有効活用する

第5章 庁議の運営

▶▶ 庁議の日に合わせて会議を設定する

　庁内には多くの会議体が存在します。ときに「どうしてこんなに会議が多いんだ」とうんざりすることもありますが、**企画政策担当の課長は、もしかしたら庁内で最も会議に呼ばれる課長**かもしれません。

　「○○検討委員会」といった類の会議体には、ほとんどの場合メンバーに名を連ねているはずです。政策的観点での意見を求められますし、企画政策担当の課長が入っていることによって、「企画政策担当が実質的に了承している」ことになるからです。では、幹部職員はどうでしょうか。国立市で全部長級職員が構成メンバーとなっている会議体は例規類集に載っているものだけでも、以下のものがあります。

・組織改正検討委員会
・基本構想検討委員会
・行財政健全化推進本部会議
・情報セキュリティ委員会
・男女平等推進会議
・職員表彰制度審査会
・情報化推進本部
・公共施設マネジメント推進本部
・地域福祉推進本部
・新型インフルエンザ等対策会議
・緑化推進本部
・地球温暖化対策推進本部

・災害対策本部

・国民保護対策本部

・健康危機管理対策本部

・防災対策等推進会議

・緊急対処事態対策本部

　主宰は市長であったり、副市長であったりとさまざまですが、5－2で述べたとおり、理事者と幹部職員（国立市の場合は部長級職員）の予定をその都度調整することは現実的ではありません。そこで、**庁議の「後」にこれらの会議を設定すること**で、**多くの幹部の出席が期待できるの**です。

　実際に国立市でもコロナ禍において、庁議後に「健康危機管理対策本部」が組まれ、新型コロナウイルス対策を議論することも多かったほか、上記の他の会議が組まれることは珍しくありません（ときには複数の会議が設定されます）。

　企画政策担当所管の会議だけではなく、自分の担当する部局の担当にも庁議日程は情報提供しておき、庁内全体でこの時間を有効活用できる体制を整えておきます。通常、理事者の予定も庁議前後は余裕を持って設定されていることが多いです。したがって、上記のような会議を開くこととは別に、理事者に一部の幹部職員を加えて懸案事項を調整する時間としても有効に使うことができます。

　なお、これらの場合も「庁議の後だから空いているだろう」ではなく、**なるべく早く秘書担当と調整する**ようにします。また、幹部職員にも理事者の日程が抑えられた段階で早めに連絡を入れることが必要です。

▶▶▶ ちょっとした案件であれば庁議「前」も可

　庁議の「前」の時間も比較的都合がつきやすい時間帯です。しかしながら、庁議の開始時間をずらすことができないため、リミットがあります。深い議論をする会議には向きません。確認程度で済む会議が向いています。

第 6 章

横断的課題・特命事項等への対応

6│1 ◎…「特命事項」の プレッシャーを 楽しむ

▶▶▶ 「残り1億円、どうにかならんか」

　企画政策担当は**首長のブレーンとなる部署**です。首長の掲げる政策を実現させるため、ときに庁内外を奔走し、汗をかくことが求められます。

　政治家である首長からの「こんなことはできないか」といった、形があるようないような「フワッ」としたオーダーをちぎって丸めて成形していくこともあります。いわば「特命」を受けることもあります。

　私が受けた特命の中で、最も印象深いものが**「旧国立駅舎」再築における資金調達**です。「旧国立駅舎」とは、全国的に数が少なくなった大正期の木造旅客駅舎として希少価値が高く、民間企業が建築して鉄道省に寄附した珍しい「請願駅」を再築した建物です（国立新書第2号「旧国立駅舎」国立市役所より引用）。

　赤い三角屋根が特徴の国立駅舎は、1926年の国立駅開業から約80年にわたり国立市のシンボルとして親しまれていましたが、JR中央線の高架化事業に伴い、保存か解体かを迫られることとなりました。街は揺れに揺れ、議会でもさまざまな議論か交わされましたが、紆余曲折の末、2006年に市が文化財指定したのちに解体され、一旦保管庫で保管することとなりました。

　2011年、佐藤一夫市長が再築を公約に当選。一気に動き出したものの、再築にあたっては**「一般財源を使わない」**ことが**至上命題**となっていました。総事業費が約10億円と見込まれる中、使えそうな特定財源を積み上げていくと、あと約1億円の財源が足りません。財源構成について説明した市長レクでの一言が「黒澤、残り1億円、どうにかならんか」。2013年7月のことです。まさに特命です。**首長に「どうにかならんか」**

と言われたら「どうにかする」以外の選択肢はありません。

▶▶ ふるさと納税返礼品競争に参戦

　さて、では現実問題どうするか。幸いにして比較的早期に頭に浮かんだのが、今ほど過熱していなかった「ふるさと納税」の活用です。

　当時は返礼品を出す自治体は今ほど多くなく、国立市も出していませんでした。返礼品を出して新たな財源を獲得することは財政担当が密かに温めていたプランだったのですが、東日本大震災から間もない頃だったため、「被災地を差し置いて、返礼品で寄附を集めるのはいかがなものか」と控えていたのです。

　このタイミングで一歩踏み出し、返礼品を出して寄附を募り、その使い道として「旧国立駅舎再築のために」というメニューを創設。**その寄附金を基金化し、特定財源化するスキーム**です。

　スキームは決まった。では、返礼品はどうするか。そこで、国立市商工会が「くにたち Style」として地域ブランド認定していた**市内事業者の逸品を返礼品とする**ことで、地域振興にもつながり、まだまだ賛否がうごめいていた議会からの賛同も得やすくなると考えました。

　同時期に、たまたま母校の大学が株式会社バリューブックスと古本募金（古本の売却代金が寄附金になる仕組み）を行っていることを知りました。文教都市くにたちのイメージと本は親和性があり、「これも機運醸成のために使えるのでは」と同社にアポイントを取り、**「赤い三角屋根プロジェクト」**として、**古本募金もスタート**しました。

　議会では「1億円集まるんですか？」と質問を受け、「集めることができると確信しております」と答弁をしてしまったものの、すでに述べたとおり、今ほど返礼品競争が過熱化していなかった時期です。蓋を開けてみるまでどれくらいの寄附金が集まるのか正直わかりませんでした。

　いざスタートすると、当時はまだ自区内の住民に対しても返礼品を出すことが認められていたため、国立駅舎に思い入れのある市民の方からの寄附が相次ぎ、順調なスタートを切りました。古本募金も NHK に取り上げてもらったこともあり、じわじわと裾野を広げていきました。

ところが、ほどなくして多くの自治体が返礼品競争に参戦。肉、酒、海産物、米といったキラーコンテンツがない国立市は苦戦を強いられることとなります。同時に、返礼品の調整を委託していた商工会から事務負担増を理由に委託を続けられない旨の話が持ち上がりました。

　このタイミングで、委託事業者を変更すると同時に、**返礼品をくにたちStyle認定品以外のものも拡充**することにしました。そこで新たな返礼品を開拓すべく、担当者があちこち市内企業を営業に回り、ある面白そうな企業に出会います。株式会社セキドというドローンを扱う会社です。当時はドローン自体がまだ珍しく、返礼品で扱っている自治体はほとんどありませんでした。しかし、販売価格で15〜20万円前後の品のため、寄附設定額としては50〜60万円。このクラスの金額に寄附が集まるイメージは湧かなかったものの、これが大ヒット。結果、年間100台以上が出て、ドローンだけで5,000万円超です。気がつけば、当時都内で最も寄附を集める自治体になっていました。担当者のファインプレーでした。

▶▶▶ 「もうあと5,000万円ほど集めてもらいたい」

　目標額の1億円達成が見えてきたある日のこと。旧国立駅舎再築の担当者がしおらしい顔でやってきて、「内装等に思ったよりお金がかかる。もうあと5,000万円ほど集めてもらいたい」と言うのです。

　目標額は1.5倍。目が点になりました。しかし、「もうやるしかない」と腹を括って奥の手を使うことにしました。

　ふるさと納税は、年度単位ではなく1月〜12月の年単位で寄附額、控除額が算定されますが、寄附は11月の後半から12月が最も集まります。いわゆる駆け込み寄附です。そこで担当者に「全責任は私が負う」と話し、12月の1か月間に限り、**ふるさと納税ポータルサイト上で選べる寄附金の使い道を「旧国立駅舎再築のために」の1つに絞**りました。つまり、その他の使い道を選択したい方は、12月の寄附を諦めるか、ポータルサイト経由以外での寄附（銀行振込等）をするしかありません。

　ふるさと納税については「返礼品競争ではなく、魅力ある使い道を」といった趣旨の声を聞くこともありますが、これはすべて綺麗事です。

いかに魅力ある返礼品を数多く集めるかにかかっています。使い道を旧駅舎再築に絞っても、ほとんどの寄附者の方は返礼品で選んでいることから、絶対に寄附が集まる確信がありました。案の定、**その月の寄附額は史上最高額を記録**。クレームなども1件もありませんでした。

さて、こうしてどうにか資金面の課題をクリアした（最終的に1億9,000万円ほど集まりました）旧国立駅舎は、2020年4月に無事に再築されたのですが、私に特命を課した当時の佐藤一夫市長は残念ながら病に倒れられ、2016年秋に亡くなられました。旧駅舎の再築を見届けることなく亡くなられたことは本当に残念でなりませんでした。

葬儀は佐藤家と国立市の合同葬として執り行われ、当時の副市長から市側の「合同葬事務責任者」を命じられました。生前、佐藤市長からさまざまな特命を課されてこなしてきたのですが、最後がご自身の葬儀の責任者とは……。一生忘れることのできない特命となりました。

▶▶▶ どうせやるなら楽しんでしまう

特命には、本当に小さな調べ物から抜本的な政策形成、「誰にも言うな」と口止めされるような水面下での調整などさまざまなものがあります。ときには墓場まで持っていかなければならない話を聞くこともあります。大きなプレッシャーもありますが、意気に感じて前向きに取り組んでいきましょう。**信頼されているからこそ任される**のです。どうせやるなら楽しんでしまうくらいの気持ちが良い結果を生みます。

特命事項の中でも「誰にも言うな」と言われる類のものは、たとえうまくいったとしても対外的には皆さんの成果として表には出てこないことも多いでしょう。まったく日の目を見ないことも多いかもしれません。

表に出てくるものも「首長の功績」として出てくるのがほとんど。首長が華々しく記者会見で発表する政策を、陰で支える黒子のような役回りです。**苦労して作り上げた政策や事業が無事にリリースされたときの達成感や安堵、解放感は何物にも代えがたい、ときに一生モノの経験と**なります。

6|2 ◎…プロジェクトチーム運営は「人選」がすべて

▶▶ 庁内プロジェクトで横断的課題を解決する

　庁内の横断的課題や特命事項に取り組むにあたり、全庁的なプロジェクトチーム（PT）を立ち上げることがあります。

　企画政策担当の職員は、PTのメンバーとして選ばれる側になることも多いはずですが、ここでは運営側として人選から取りまとめまでの流れとポイントをお伝えします。運営のポイントを知り、メンバーとして参加された際には持てる力を思う存分発揮してください。

　まず、「国立市プロジェクトチームの設置及び運営に関する規程」を例に概要を見ていきます。

　国立市では、PTを「**横断的に解決すべき重要事項について、重点的かつ集中的に企画、調査、研究等を行う臨時的組織**」と定義しています。また、目的の1つとして「職員の政策形成能力の向上」を掲げています。実際に、PTでの経験がその後に大きく影響を与えている職員や「思い出に残る仕事」としてPTでの経験を語る職員がいます。

　「メンバーは、市長が任命する」とされていますが、形式的にそのようになっているだけで、**人選は当然事務局を務める担当が担う**こととなります。人選のポイントについては後述します。

　リーダーの任命についてもメンバーと同様です。会議のファシリテーションを担ってもらうこととなるので重要な任務になります。

　PTとはいえ**政策的観点から企画政策担当が関与**できる余地を残すため、「政策経営部長は、チームに対して、必要な助言をすることができる」と規定しています。

　勤務体制についても規定しています。民間企業等ではPTといえば、

課題解決のために一定期間部門を問わず各々が「所属を離れて」集められるチームです。この「所属を離れて」という点が、行政が作る PT との大きな違いです。

多くの場合、**行政が作る PT は、各々は自らの部署に「所属したまま」参加**します。国立市では「現所属のまま、チームが設置されている期間専らチームの事務に従事するもの」と専従できる規定を設けていますが、私の知るかぎり専従した事例はありません。したがって「現所属のまま、必要の都度、チームの事務に従事する」形態です。つまり、主にその会議の時間帯だけ参加することになります。専属でプロジェクトに従事してもらうわけではなく、自らの仕事を抱えたまま参加してもらうことになるわけです。ここに運営の難しさがあります。

全庁的な協力を得るため「職員は、チームからの資料等提供要請及びメンバーの勤務体制について積極的に協力しなければならない」と規定しています。ここがある種のキモとなります。

PT 設置の手続きについてですが、明記はされていないものの庁議に付議される流れとなります。

▶▶▶ プロジェクト成功のカギは「人選」にあり

上記で述べたとおり、ほとんどの場合、行政が作る PT のメンバーは自らの部署に所属したまま参加することになります。結局は他課の仕事に「協力」する形です。メンバーとなっても本来業務の都合で会議に出たり出られなかったりすることが往々にしてあります。本来業務が忙しくても、周りの理解があったり、本人のプロジェクトに対するモチベーションが高かったりすればよいのですが、そうではない場合は会議を開催しても欠席続きとなってしまいます。したがって、PT を成功に導くカギは一にも二にも人選にあるのです。

人選の1つの手法としては、各部局から1～2名ずつ推薦してもらうのが一般的です。ポイントは、この枠の他に**庁内公募枠を設けておく**ことです。まずは部局から推薦してもらうことで、選出メンバーは周囲の理解を得る効果があり、協力を得やすくなります。それに加えて公募枠

を設けることで「この人にメンバーになってほしい」と思っている職員を入れる余地を残します。部局推薦から漏れた場合にも内々にお願いして手を挙げてもらうのです。

これは、伸び悩む職員に「これを期に成長してほしい」という期待を込めて行う推薦人事、**いわゆる「期待人事」によるメンバーばかりになることを避ける**ためでもあります。

PTは比較的短時間で結果を出すことが求められます。先述のとおり目的の1つとして「職員の政策形成能力の向上」が掲げられてはいるものの、本音ベースで言えば、すでにある程度の能力を持っている職員をさらに伸ばすイメージです。

したがって、**最初からある程度参加してほしいメンバーの目星をつけておくことが重要です**。最低限リーダーになってもらいたいような人はイメージしておきましょう。「この人は！」という人がいる場合には、その部局の上長にあらかじめ内々にお願いしておくか、本人に打診し公募枠で手を挙げてもらうように根回ししておくのです。

完全手挙げ式（立候補制）でメンバーを募る場合にも同様に、メンバーになってほしい職員には事前の根回しが必須です。理想を言えば、各部署のモチベーションが高くて能力が高い職員に集まってもらうのが成功への近道です。各部署から「エース級の職員」を集めるイメージです。

そうは言っても、現実としてエース級ばかり集められない場合には、仮に能力が高いとしても**「自分の部署のことしか考えない」**職員を**「選ばない」**ようにしましょう。自分の所属部署の利害ではなく、全体のことを考えてくれる職員かどうかを判断基準にしましょう。

▶▶▶ 構成メンバーの「男女比」にも気を配る

蓋を開けてみたら、推薦も公募もメンバーが結果的に全員男性職員だったという場合もあるかもしれません。偏った構成では、たとえ素晴らしい成果が上がったとしても、その一点で批判に晒されるおそれがあるため、リスクは排除しておきましょう。

例えば各部局からの推薦枠が2名であれば男女比を1：1にしてもら

うなど、あらかじめ定めておくことが必要です。

▶▶▶ メンバーのモチベーションを高める

PT では、最終的に報告書などを取りまとめるケースが多いはずです。質の高い報告書を作成するには質の高い議論が行われる必要があります。

理事者発意の PT であるなら、可能であれば第 1 回目の会議で意図や思いを話してもらう場を設けるとよいでしょう。メンバーにとって、方向性の確認とともに、モチベーション向上にもつながることが期待できます。

また、上司（企画政策担当の管理職）に各メンバーに対して声掛けをしてもらったり、メンバーの上司に働きぶりを伝えてもらったりします。職員の中には企画政策担当に憧れを持つ職員や異動を希望する職員がいることがあります。そうした声掛けがモチベーションアップにつながるのです。また、**激務部署からメンバーを出してもらっている場合には、上司からその周囲の職員にもお礼を言ってもらうくらいの心配りが欲し**いところです。

▶▶▶ スムーズに進行するためのポイント

PT はメンバーの協力なくしては成り立ちません。通常業務を抱えるメンバーの時間をある程度拘束するわけですから、時間を最大限有効に使い会議の進行をスムーズに行う必要があります。ポイントを挙げておきます。

①リーダー・サブリーダーとは密に連絡を取る

会議の進行をお願いするリーダーとリーダーを補佐するサブリーダーには、必ず会議の前に当日の資料と流れを説明してきます。当日の流れを理解してもらい、**その回のゴールを共有しておく**ようにします。

ときにはメンバーから事務局へ運営に対する不満や苦情の類が寄せら

れることがあります。そうした点についても共有しておきます。

②リーダー・サブリーダーに導いてもらう

　フラットに議論してもらうことも当然必要ですが、PT 設置側としては、意図とまったく異なる方向に進んでしまっては困るというのが本音です。しかしながら、事務局が誘導を行うと「結論ありきか」とメンバーの意欲を削ぐことにつながります。そこで、事務局が前に出るのではなく会議の進行の中でリーダーやサブリーダーにうまく導いてもらうのです。

　したがって、リーダー・サブリーダーに PT 設置の意図をしっかりと理解してもらい、「**できればこういう方向の結論が欲しい**」と本音を話しておきましょう。そのような意図を汲み、実際の議論で上手にファシリテートしてもらうためにも、リーダー・サブリーダーの人選が非常に重要になります。ファシリテーション能力に優れた職員や、リーダー経験までは求めませんが、過去に他の PT に参加した経験のある職員であれば流れを理解しているはずです。また、**物事を俯瞰的に見ることができる職員が理想**です。

③資料は事前に配付しておく

　メンバーに対しても、資料は当然会議前に提供し、一読してから出席してもらうことを前提とします。できれば疑問点等についても事前に事務局に寄せてもらうようにしておきます。そうすることで資料の説明時間を短縮し、議論に多くの時間を割くことができます。

④事前課題を設定する

　メンバーには負担をかけてしまうものの、事前課題を課すことも有効です。各自に事前に考えてきてもらい、それを元に議論を進める形です。その場で課題を与えるよりも大幅に時間を削減することができます。

⑤分科会（ワーキンググループ）方式を取る

　PT 全体で 1 つの項目を議論するのではなく、いくつかの分科会（ワー

キンググループ）に分けて議論を進める方式も有効です。グループに分かれて取り組むことで時間が2分の1、3分の1で済みます。ただし、この場合には随時お互いにすり合わせを行うことが必要です。グループを分けたことで中身が半分しかわからないような状態にならないよう、グループごとの進捗の確認や意見交換の時間を必ず設けるようにします。

⑥その回ごとにできるかぎり結論を出す

どうしても時間の制約はありますが、毎回できるかぎり結論まで出すようにします。次回に持ち越してしまうと前回議論の確認に時間を取りますし、時間が空いてしまう分、そのときの熱量で語ることができません。したがって、持ち越したからといって優れた成果が出るとは限らないからです。

⑦節目節目で理事者に報告する

理事者発意のプロジェクトかどうかにかかわらず、節目では理事者に進捗を報告しておきましょう。**「自由にやれ」**と言われていたとしても、**その言葉を額面通り受け取るのは危険**です。報告書が出来上がってからの一発勝負は避けましょう。

「今こんな議論をしています」「こんな意見が出ています」と報告を上げるようにし、少なくとも**中間時点や骨組みが見えた段階では必ず報告**を入れます。せっかく素晴らしい報告書ができても、日の目を見ない結果になるのを避けるためです。

6|3 ◎…「ハブ機能」を
果たし、縦割りを
打破する

▶▶ 全国のコロナワクチン担当者が呆れた国の縦割り行政

　未曽有のコロナ禍において、自治体最大のオペレーションは新型コロナウイルスワクチン接種事業だったのではないでしょうか。

　そのワクチン接種事業において、国の縦割り行政に対して全国の自治体担当者が激怒した出来事がありました。それは**突如として降って湧いたVRS騒動**です。VRSとは、各自治体がコツコツと準備をしていた最中の2021年2月、突然導入が発表された「ワクチン接種記録システム」のことです。タブレット端末のカメラで接種券に印刷されたバーコードを読み取ることによって個人の接種状況を記録するシステムです。自治体からするとそれまで想定してきたシステムに加えて、さらに新たなシステムが加わること、それも接種開始まで2か月を切っている段階での発表に動揺が広がりました。

　そして、このVRSがこれまで自治体がやり取りを行っていた**厚生労働省の所管ではなく、内閣官房の所管**であったことが問題を複雑化させました。ワクチン接種事業に対する質問事項については、厚生労働省が随時Q＆Aを更新して自治体に情報提供していたのですが、このVRSに対する質問を厚労省に投げると、

　「VRSについては、内閣官房IT室にお問い合わせください」

　こんな回答が返ってきたのです。これほど「縦割り行政」にふさわしい事例もなかなかないでしょう。自治体からすれば内閣府と内閣官房の違いですら大した意味を持ちません。違いを知らない人も多いでしょう。たとえ国の所管が1つではなかったとしても、自治体のワクチン担当部署は1つです。またVRSシステムを利用するのも一連のワクチン接種

のオペレーションの１つです。にもかかわらず、そんな回答はないだろうと全国の担当者の怒りを買う事態となりました。

　国の所管の役所が違ったとしても、ワクチン接種事業の中の１つなのですから、質問を受けた厚生労働省の担当者が内閣官房ＩＴ室に連絡するなりして回答を集め、記載しておけばいいだけのこと。「この縦割り回答はあんまりだ」と言わざるを得ませんでした。

▶▶ 縦割り打破も企画政策担当の役目

　皆さんの自治体、部署でもこうした塩対応が行われていないでしょうか。偉そうなことを言いましたが、私自身も実は自信がありません。

　「それはうちの仕事じゃない」

　公務員であれば、誰でも１度は聞いたことがあるフレーズのはずです。もしかしたら企画政策担当に着任「前」には、言ってしまったことがある人もいるかもしれません。「お役所仕事」と言われる所以の代表格にこうした「縦割り行政」や「たらい回し」があります。ときには市民対応においても平気で、「あー、それはうちの課じゃなくて○○課の担当なので、そちらで聞いてもらえますか」といった対応をしてしまうのが「お役所仕事」です。事実として、その部署が担当ではなかったとしても、せめて「○○課をご案内しますね」「担当にお話おつなぎしますね」くらいの丁寧な対応が欲しいところです。

　このような「縦割り」は４−５で述べた「割り揉め」同様に役所あるあるです。**この縦割りに横串を刺す、ハブ機能を果たして部署と部署をつないでいくのは、企画政策担当である皆さん**にほかなりません。企画政策担当の主要な役割の１つである「庁内の総合調整」の中にはこうした調整も含まれるのです。「両課で話し合って調整してください」と言っておしまいではなく、縦割りを打破するため、積極的に手をつなぎにいきましょう。横串を刺すと述べましたが、皆さんこそが横串になるイメージでしょうか。それが皆さんの役所全体の組織力向上につながるのです。そこに労力をいとわないマインドが必要です。

　ときには「何でもかんでも間に入って調整しなければならないのはお

かしい」「自分たちでやってくれ」と愚痴の1つや2つ言いたくなると
きもあるでしょう。しかし、そうした積み重ねが周りからの信頼を生む
と同時に、その課やその職員の特性を理解することにつながります。そ
して、それはいつか皆さんの役に立つ日が来るのです。

　一方で、ハブ機能を果たすとともに、**役所全体として縦割りをしない・させない組織風土の醸成**も図りたいところです。しかしながら、これは
なかなか一朝一夕にはいかないでしょう。地道な啓蒙が必要です。構造
的には「割り揉め」と同じです。当事者意識が希薄で、自分の仕事の守
備範囲が極端に狭い職員が縦割りの主張をしがちです。「もらっている
給料分の仕事しかしない」と公言するような職員がいますが、経験上、
そのようなことを言う職員は、もらっている給料分の仕事すらしていな
いのが実態です。

6 | 4 ◎…無駄なものは 「やめる勇気」を 持つ・持たせる

▶▶常に行財政改革推進のマインドを

　コロナ禍では、多くの自治体でさまざまな事業、主にはイベント系や比較的人と人の距離が近いような事業が感染予防の観点から休止や縮小を余儀なくされました。職員の感染に伴う人員減や、テレワーク、ワクチン接種体制構築による人員確保等のため、「BCP（Business Continuity Plan：事業継続計画)」を発動した自治体もあります。感染状況に応じ、事業を「やる・やらない」の判断をその都度行ってきたはずです。

　ここで振り返りたいのは、特に新型コロナウイルス感染症が5類になって以降の対応です。**すべてを画一的にコロナ禍前に戻すのではなく、必要なものだけを戻し、戻さなくてよいものはそのままでよかったはず**です。

　例えば、多くの関係者が一堂に会して行う会議もコロナ禍ではオンラインで済ませていたはずです。込み入った議論や膝と膝を突き合わせて行ったほうが議論の進展が見込める場合には対面に戻すべきなのでしょうが、説明メインの会議まで対面に戻す必要はありません。

　5類移行後、コロナ禍ではオンライン化されていたある団体の会議が、対面に戻されたことがありました。しかし、大勢に影響がないのであれば、オンラインのままで済む、あるいはハイブリッドでできるならオンラインをそのまま残してもよいはずです。このようなことに気がつけるか、思い切った決断ができるかどうか、そして何より実行まで成し遂げられるかどうかも、企画政策担当に求められるマインドの1つです。

　また、コロナ禍における一連の事業縮小で、本来自治体が継続的に取り組むべき行財政改革も多くの自治体で停滞しました。もっとも、コロ

ナ禍での生活支援や物価高騰対策を次々と行っている状況で、「今は行財政改革ではないだろう」という意見もあったかもしれません。しかし、行財政改革は一朝一夕にはできず、時間がかかるものです。コロナ禍で止まったままの自治体は早期にリスタートを切るべきです。

　限られた財源、人的資源を有効活用するためには事業のビルドアンドスクラップが欠かせません。担当課が自らスクラップするのに越したことはないのですが、そうもいかないのが現実でしょう。その手助けをするのも企画政策担当の役目です。自治体によっては企画政策担当と行財政改革担当が分かれている場合もありますが、そうだとしても、**庁内をリードするポジションである企画政策担当は常に行財政改革の視点は持たなければなりません。**まずは自らが強い改革マインドを持ち、そのマインドを庁内にも広げて動かしていくいくことが求められます。

▶▶ 行財政改革は目的ではない

　大前提として心に刻んでほしいことは、行財政改革は「目的」ではなく、あくまで「手段」であるということです。

　過去に財政破綻した北海道夕張市では、多くの事業をストップせざるを得ない状況に陥ったことはご存じでしょう。最初に切りつめられた事業の中には高齢者への食事サービスや、北海道にもかかわらず雪かきサービスといった命に直結するような事業も含まれていました。そのうえで、公共料金の値上げが行われるわけです。低水準の行政サービスで高負担になるわけですから、当然の帰結として人口の流出が進みます。

　こうしたことからもわかるように、**行財政改革、財政健全化は行政サービス水準を下げることが目的ではなく、真に必要なサービスを存続、あるいは向上させるために行うものなのです。**財政健全化を怠れば結局のところ、回り回ってそれは市民の生活に跳ね返るのです。

▶▶▶ 「今、健全なので健全化は必要ない」は本当か

　「今、財政は健全なのだから健全化（行財政改革）は必要ない」

こんなことを言う人がいます。しかし、東京ディズニーリゾートが立地し、全国でも指折りの高い財政力指数を誇る千葉県浦安市でも、2022年4月に「浦安市健全な財政運営に関する条例」を施行しています。持続可能な安定した財政運営を堅持していくことを目的とした条例です。いわゆる理念条例ではありますが、条例を制定することで、財政を引き締めていくための方策に「拘束力」を持たせることができます。

国立市にも、「国立市健全な財政運営に関する条例」（2016年4月施行）があります。浦安市の条例同様に「使用料等の定期的な見直し」を規定している項目があり、国立市では「定期的」とは4年に1度とし、「誰が首長になっても」条例によって4年に1度は使用料・手数料の見直しが義務付けられているのです。

このように浦安市のような財政力が高い自治体ですら、将来への備えを怠っていません。日本は世界に類を見ないスピードで少子高齢化が進展しており、生産年齢人口の減少も今後さらに進んでいきます。生産年齢人口の減少が進めば、歳入面を考えれば当然個人市民税も減少します。生産年齢人口が減少すれば購買力も下がり消費が落ち込むことから、地域に落ちるお金も必然的に減っていきます。

歳出面では、高齢化に伴い扶助費がさらに増加しながらも、一方では少子化対策として子ども子育て関連の予算増が求められる時代です。そうした中、人口増加策としての移住定住策や自治体DX、モビリティ施策など自治体によってさまざまな課題を抱えているはずです。たとえ今が健全財政でも、決して安心していられる状況ではないのです。

▶▶▶ なぜ事業が見直しできないのか

行政の行う事業には、すべて利害関係者が存在しますが、そのほとんどは市民です。**基礎自治体（市区町村）は常日頃からエンドユーザーである市民と接しています。**市民の顔が見えやすい基礎自治体が、国や都道府県に比べて事業の廃止が難しいのはそのためです。

市民の理解、市民の代表である議会の理解を得るために市民説明会、議会対応を行うことが求められます。苦情の電話や窓口対応もあるため、

日々市民と接する原課は事業の見直し（廃止）を避けがちになります。場合によっては、議会の追及から逃げようとして、管理職が及び腰になることもあります。

　議員の後ろにいる有権者の中には、事業の見直しや廃止に伴って影響を受ける人も当然いて、その声が大きければ大きいほど、議員は無視できません。事業の見直し、廃止に反対の声を挙げるのは当然です。

　例えば、長寿祝い金制度を設けている自治体があります。国立市は以前、77歳を迎えた方に長寿祝い金を出していましたが、77歳はもはや平均以下（2022年の日本人の平均寿命は男性81.05年、女性87.09年）のため、廃止しました。しかし、88歳と99歳、100歳の方へのお祝い制度は残っています。これからの超高齢社会を考えるうえで、現金配布をやめ、その財源を他の福祉サービスに移したいとなったときに、対象者や議会に説明し理解を得ることができるかどうか。既得権益の壁はなかなかに厚く、その苦労は想像に難くありません。

　「この事業を廃止するのは人件費が見合わない」こんな声が出ることもあります。例えば事業費100万円の事業の廃止にあたり、それに伴う職員の精神的な疲労、対外説明やクレームに要する人件費が見合わないという声です。しかし、そんなことはありません。ここで事業見直しに伴う効果額は100万円ですが、10年経てば1,000万円です。廃止にかかる人件費が一時200万円かかったとしても、その人件費は毎年かかるわけではないため、3年目からはプラスに転じます。決して無駄にはならないのです。

　定期的な人事異動がある公務員特有の「事なかれ主義」も事業見直しが進まない要因として挙げられます。「3年から5年で異動することを考えれば、自分のときに苦労してやらなくても……」、こんな気持ちが働き、課題は先送りされてしまうのです。簡単に言ってしまえば、勇気と努力、問題意識の欠如ですが、そんな職員ばかりの役所は、近い将来必ず厳しい局面を迎え、その負の影響は市民に跳ね返ってくるでしょう。

▶▶ まずは隗より始めよ

　事業の見直し（廃止）ができない構図を理解したうえで、企画政策担当には何ができるのでしょうか。まずは「隗より始めよ」です。**自らの業務を振り返り、無駄な事業をやめること**です。企画政策担当は、本来は事業課ではないので、それほど多くの事業を持っていないはずです。それでも、やめられるものはあります。庁内向けに行っているさまざまな調査・取りまとめの中に無駄なもの、役割を終えているもの、時代遅れになっているもの、重複しているものはないでしょうか。

　国立市では、過去に行財政改革の一環で各種団体への補助金を第三者委員会まで設置して厳しく査定していた名残で、毎年度初めに各種補助金の執行状況等を各課から実績を聴取して取りまとめていました。担当課の調書作成の労力、取りまとめる側の労力、お互いにそれなりの負担が生じていました。ある年、異動してきて間もない職員がポツリと「**この調査って、結局同じようなことを決算審査用にやってますよね。要らなくないですか**」と呟きました。そうなのです。年度初めに補助金調書を作成し、公表していたのですが、結局のところ7月に行われる決算審査のために再度別の帳票により補助金関係の書類を作成していたのです。様式に多少の差はあれど、意図するところにほとんど違いはありません。そこで、その年度初めの独自調査はやめることにしました。

　本書を手に取っていただいた皆さんは、配属されて間もない方が多いはずです。皆さんのような新しく外から来た職員のほうがこのような無駄や重複に気づきやすいはずです。**異動してきたばかりのいわば「よそ者」の皆さんだからこそ、従来の慣習に対する違和感を察知することができるのです。**「おかしいな」と思ったら、ぜひ声を上げてください。

▶▶▶ 全庁でやっていく風土、体制を作る

　企画政策担当自らが手本となったら、次は全庁的な体制作りです。全庁で取り組むことで多くの課が見直しを行うことになれば、例えば市民説明会なども全庁体制で行うことができます。全体で行うことで、1分

の1の説明会だったものが10分の1、20分の1になるわけですから、担当課の負担が激減するわけです。

　行財政改革にしても、公共施設マネジメントにしても、公務員であればほとんどの方がその意義を理解できるはずです。ところが、いざ自分がその当事者となると及び腰になります。いわゆる「**総論賛成・各論反対**」です。各論で及び腰になってしまう人たちを束ねて、総論へ引き戻していきましょう。自分だけではない、仲間がいると思えれば勇気が湧いてきます。**勇気を持たせるためにサポートし、ときには背中を押してあげるのが企画政策担当の役目**です。「今やらなくていつやるんですか？多くの課と一緒にやってしまいましょう」「○○課だけではなく、全庁的な取組みです。みんなで乗り切っていきましょう」と、ときには手をしっかりつかんで引っ張るのです。

▶▶▶ 異動後もそのマインドを持ち続けて庁内全体のレベルを上げる

　数年後、皆さんも企画政策担当を離れることとなりますが、異動した先でも、このマインドを持ち続けることが非常に大切です。

　企画政策担当になる前、「企画政策担当＝何かと面倒なことを押し付けてくる」といった印象を持っていた方もいるでしょう。しかし、**いざ担当になってみると、面倒に感じていた調査や事務がさまざまな意味を持つことに気がつく**はずです（もし意味を持たないものであれば、皆さんが担当のうちに廃止してください）。行財政改革の視点や、無駄な事業をやめていくマインドも「どうして必要なのか」が担当になって初めてわかることもあるかもしれません。

　企画政策担当から異動した後に、「前はどこの部署にいたんだよ」と後ろ指を指されるような非協力的な職員にならないでください。異動先の部署でも行財政改革のマインドを忘れず、**無駄なものはやめていくマインドを持ち続け、行動を起こしていってください**。そういう職員が増えていくことで、庁内全体のレベルが上がり、ひいては住民福祉の向上につながっていくのです。

6 | 5 ◎…「各種調査」を効率 よく取りまとめる

▶▶ スムーズに取りまとめるコツ

　企画政策担当は庁内調整がメインの仕事です。1年中、国・都道府県・他自治体からのさまざまな調査や照会が舞い込みます。また、こちらから国・都道府県への要望の取りまとめ等を行うことも多い部署です。

　自治体の規模が大きければ大きいほど、取りまとめるデータ量は多くなり、小さければ小さいほど取りまとめを行う作業人員が少なくなります。いずれにしても効率よく取りまとめる工夫が必要になります。

①自分が集計しやすい様式を作る

　まずは自分が集計しやすい様式で回答してもらうよう工夫をしていきましょう。少し工夫をするだけでも時間短縮につながります。

　例えば、多くの場合、電子データで集計を行うため、**回答様式のファイル名をあらかじめわかりやすく指定しておくこと**で、回答する課が【総務部総務課】などと入れて回答を戻してくれることにつながります。

回答様式【ここに部課名を入れてください】
回答様式【○○部○○課】

　ファイルを部ごとに取りまとめたりする際、後で回答を参照する際などにも見つけやすくなるのです。皆さんが管理しやすいように相手方に協力してもらえることは協力してもらいましょう。

　また、エクセルを使って調査票を作って取りまとめる場合には、マク

ロを組んで集計できれば大幅な時間短縮につながります。庁内で募集を
かけてみるのも1つの手です。「マクロを組める方、手伝っていただけ
ませんか？ お願いします」と呼びかけてみると、意外と技術を持った
人材がいることもあります。

②デッドラインを決めて取り組む

　まずは、デッドラインを決めましょう（4－4参照）。「これ以上遅れ
たら完全にアウト」という線を決めてから、作業日数にある程度の余裕
を持って、庁内の締切を設定します。

　事務手続きの関係で回答期間が短くなる場合は、**事前に「正式な文書
は後で出すけど、こういう調査をこの締切で行うのでよろしくお願いし
ます」と予告しておくこと**が有効です。また、いつも提出が遅い課には、
常に早めに予告をして期限内での回答をお願いしておきましょう。

▶▶ 要望書等の回答取りまとめ

　各種団体からの要望書等も、特に複数の部署にまたがるものは、各課
がそれぞれ担当箇所の回答文案を作成し、企画政策担当が取りまとめま
す。「である調」と「ですます調」の混在、回答内容の温度差などの体
裁を整えるのも企画政策担当の仕事です。

　まず各課に対して回答の作成を要請し、調査ものと同様にデッドライ
ンを決めて締切を設定します。団体によっては例年同様の要望を出して
くるところもあるため、**参考までに前年の回答を添付しておくと親切**で
す。ただし、その場合も回答が前年と一言一句同じにはならないよう、
チェックを行います。もっとも、戦略的に「あえて」同じ回答をするこ
ともあるため、団体との関係性などを考慮して判断しましょう。

　過去に、ある議員から、「毎年『国立市の回答文は他自治体に比べて
冷たい』と言われる。もう少しどうにかしてほしい」という意見を頂戴
したことがあります。

　穏やかな口調ではありましたが、結構な剣幕でした。議員からすれば
支持母体からの要望なので死活問題なのでしょう。意見を踏まえて、

NO と回答していたものを YES に変更するわけではありません。**受け入れられない要望事項でも、切って捨てるような文体ではなく、寄り添った形で丁重にお断りする文体へと変更**しました。ケースバイケースでこうした手心も必要です。

▶▶ 政策的観点から回答をチェックする

予算査定と違い、チェックが甘くなりがちなのが要望書への回答文です。時折、担当課からこれまでの政策的方針と異なる見解が示されていたり、前のめりすぎて予算化が決まっているかのような回答が上がってくることがあります。また、うっかり未公開情報を回答していることもあります。

多くの場合、**企画政策担当が取りまとめるような要望書等の回答は首長名で出すため、自治体の公式見解**となってしまいます。したがって、これまでの見解と違っていたり、あまりに踏み込んだ回答をしたりしてしまうと後々問題が起きてしまうことにつながります。

特に、**予算の担保が求められるような回答には注意が必要**です。新規事業の要望であれば、当然議会へ予算を提出し、認めていただかなければならないからです。そのため、実現可能性が十分ありそうな要望だったとしても、「予算化に向けて努力してまいります」程度にとどめる必要があります。

なお、国立市では当初予算に対する各種要望への回答は、当初予算が議会で成立した後に行うことが慣例となっています。当初予算に対する要望書は、さまざまな会派や団体から多数寄せられることとなります。当初予算編成時期から第1回定例会の終了までは何かと忙しい時期です。こうした事情を理解してもらい、相手方にはお待たせしてしまうことになりますが、結果（予算化の有無）を返すことができるメリットもあります。

当初予算編成時期が要望書受領のピークではありますが、国政政党の会派からは、国や都道府県の補正予算、新規の交付金の情報をつかんで「国からこういう内容の補助金が出る。それを活用してこの事業をやっ

てほしい」といった要望書が提出されることがあります。「機を見るに敏」とはこのことで、国や都道府県から手厚い補助金、交付金がある事業は実現可能性が高く、後で「我が会派が要望した事業が実現しました」と実績として残りやすいためです。

　回答が完成したら決裁を受けるわけですが、基本的に首長の名前で出すのであれば首長決裁、部課長の名前で出すのであれば当該部課長決裁を取ります。規模の大きい自治体であれば首長決裁まで取るものは少ないかもしれませんが、**回答文書に名前が出るからにはある程度の中身を当人に知っておいてもらう必要があります。**内容をどれだけ把握してもらうかは案件次第ですが、要望を出した側からすれば、その人からの回答となります。

　したがって、例えば要望を出した側がどこかで首長等に会った際に「例の要望書の件ですが」と話を切り出してくることは想像に難くありません。要望書の存在だけでも頭にあれば、ある程度の役職者であれば回答の中身まで把握していなくても、うまく話を合わせてその場をしのいでくれるはずです。

　一方で、部課長名で回答する（決裁する）場合であっても、理事者に情報だけは入れておいたほうがいい場合や、本来は首長名で返すべきところを戦略的に副首長名や部長名で返す場合もあります。主に政治的な交渉が絡むようなケースではそのような対応をすることがあります。

　例えば、**政治的にこの段階で判断を下すことが難しい場合に、あえて首長名ではなく部課長名で現時点での判断を回答しておく**のです。こうすることで、首長としては「今回はあくまでも部長レベルでの判断。まだ行政として正式に意思決定したわけではない」と一旦留保することができるのです。一見、逃げたようにも見えますが、政治絡みの交渉事ではよくあることです。**「今はまだその時（正式回答するべきタイミング）ではない」**ということです。

6 ◎…「最後は引き取る」マインドを持つ

▶▶ まとまらなければ引き取るしかない

これまで見てきた「割り揉め」や「縦割り」を調整していく中では、どうしてもさばけないものも出てきます。**課題が複数課にまたがる場合や、突如降ってくる新たな課題などは、簡単には所管が決まらないもの**です。どうしても決まらない場合、いつまでも時間を空費しても仕方がありません。

調整がつかずに時間切れを迎えてしまったときや、「目的からすれば○○課の所管として行うのが筋であろうが、メンバーを見渡した際に能力的に厳しい」といった場合もあるでしょう。ある程度のところでまとまらなければ、腹を括って企画政策担当で引き取りましょう。

4−5で触れたコロナ禍における全国民への10万円給付では、割り揉めしまくった挙句に、多くの自治体で企画政策担当が所管したことと思います。あのような短期集中・一発勝負の仕事であれば企画政策担当で完結するのですが、**後々まだ続いていくような事業であれば、いったん引き取ったうえで、しかるべきタイミングで再度調整して担当課に移譲していく道を探りましょう**。

決まったらやるしかない、できる人たちがやるしかないのです。2−1で触れた「ノブレス・オブリージュ」のマインドを持ちましょう。

▶▶ 引き取った後に渡す場合の注意点

いったん企画政策担当で引き取り、ある程度軌道に乗ったところでふさわしいと思われる担当課に引き渡す場合に注意すべき点があります。

まず、**将来的に引き渡す前提であるならば「ここは引き取るので協力を
お願いしたい」というところをハッキリさせておくべきです**。「そこで
YESと言ってくれるのであれば、つまり協力を約束してくれるのであ
れば企画政策担当が引き取る」という、ある種の条件闘争をするのです。
もちろん、NOと言われても引き取らざるを得ないのですが、協力の約
束を取り付けて、自分たち単独で進めてしまわないことが後々のために
重要になってきます。

　協力の約束をとりつけ、事業の初期の段階から原課に意見を聞いたり、
関係する打ち合わせや会議に参加してもらったりしながら情報を共有し
て進めることが大切です。**先に協力を取り付けておくことで「それはう
ちとは関係ない」とは言わせないようにする**のです。初期の段階から若
干強引にでも巻き込み、決裁においては合議を回しておきましょう。拒
否感が強い場合でもせめて回覧しておくことが、繰り返しになりますが
後々のために必要になります。

　このことは、奇しくも私自身が企画政策担当部署を出てから強く感じ
たことですし、皆さんの中にも同様の経験がある方もいるかもしれませ
んが、**原課はまったくあずかり知らない状態で始められた案件の所管を
渡されることを最も嫌がります**。考えてみれば当然のことなのですが、
「こちら（企画政策担当）が先鞭をつけたから、あとはそちら（原課）
でよろしく」といったような印象を受けるのです。このようなやり方を
してしまうと、大きな反発を食らうことになります。

第 7 章

行政評価のポイント

7 | 1 ◎…行政評価の 目的と流れ

▶▶ 行政評価とは

　行政評価とは、行政が行うさまざまな施策や事業の目的を明確にするとともに、その成果を具体的に表すことで、妥当性、有効性、効率性等を評価し、優先度を見極めるための仕組みです。

　日本の自治体における行政評価は、1980 年代半ばにイギリスなどで提唱された NPM（New Public Management）の流れを汲んでもたらされました。1995 年に三重県庁が行った事務事業評価が始まりとされ、2000 年代以降多くの自治体に広がっていきました。NPM とは簡単に言えば、**民間企業における経営理念や経営手法を役所にも積極的に導入す**ることで、**行政サービスとガバナンスが向上する**といった**理論**です。NPM の考え方と、その流れで行政評価がもたらされたことについては最低限知識として覚えておいてください。

　行政評価は総務省の調査では 2016 年 10 月 1 日時点で、都道府県や施行時特例市以上の市ではほぼ全団体、またその他の市区でも 8 割以上の団体で導入されています。ただし、町村で導入されているのは約 4 割にとどまっています。私の勤務する国立市でも 2008 年に導入され、少しずつ形を変えながら現在に至っています。

　行政の事業はそれまで PDCA（Plan〔計画〕Do〔実行〕Check〔評価〕Action〔改善〕）のうち、P と D しかなかったのですが、C を導入し A へとつなげる流れを作った功績は大きいといえるでしょう。また、行政ではそれまであまり重視されてこなかった「目標」「成果」「効率」「期限」といった民間企業の経営概念がこの行政評価によってもたらされることとなりました。いわゆる右肩上がりの時代は、事業を取捨選択する必要

がありませんでした。しかし2000年代に入り人口減少に向かう中で、**行政の事業・施策もそれまでの「需要追随」型から「質的改善」型への転換が迫られることになったのです。**

　一方で、「曲がり角」と言われて久しいのも事実です。前出の総務省の調査も以前は3年ごとに行われていたもののが、その後更新されていません。そのあり方について各自治体で考えなければなりません。皆さんの中には、これまで原課の担当として「めんどくさい」と思いながら「やらされ」ていた人もいるかもしれません。また、自治体規模によっては所管が企画政策担当ではなく行革担当部署かもしれませんが、ひとまず基本は押さえておく必要があります。

▶▶ 導入目的と理念

　行政評価の導入目的は自治体によって多少の差はあるかもしれませんが、「行政運営の効率化」「PDCAサイクルの確立」「住民へのアカウンタビリティ（説明責任）向上」「職員の意識改革」といったあたりを掲げているところが多いと思います。

　国立市は導入目的として、①「目的に沿った議論により重点施策に財を投入する効果的・効率的な事業実施と予算編成の実現」、②「わかりやすく透明性の高い行政運営の実現」、③「職員一人ひとりの意識と行動様式の変革」の3点を掲げています。

　①については、職員同士で議論するなかで「あれもこれも」から「重点選択・統廃合」へと事業選択する中で予算を配分する行財政運営を行うこと。②については、アカウンタビリティ向上のためのツールとしてホームページにて32の施策、約800（数字は当初の全施策・全事務事業数）の事務事業マネジメントシートを公開すること。③については、事業・業務の改善や改革について考え、他の事業との連携等の議論ができる職員にし、仕事の質の向上と市民の信頼につなげること。これらを理念として掲げました。

▶▶ 行政評価システムの流れ

　次に行政評価システム全体の流れを見ていきます。これも自治体によってさまざまな形がありますが、国立市の例を示したものが図表8です。

　まず、その基礎となるのは各事業単位の「**事務事業評価**」です。事務事業は各施策に紐づいており、事務事業評価が施策評価へとつながります。各施策の評価は翌年度の「行政経営方針」を決定するための「施策優先度評価」の材料となります。「行政経営方針」にて施策の優先度を決定したのち、それに基づき実施計画と予算編成へと移っていきます。

図表8　国立市の行政評価システムの流れ

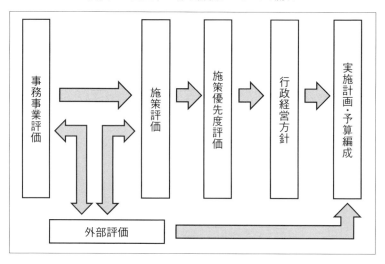

　また、国立市は外部評価として附属機関である「事務事業評価委員会」（2014年〜2019年）、「施策等評価委員会」（2020年〜2023年）を設置し事務事業評価、施策評価に外部評価を導入しています（詳細は8−5で触れます）。そこでの評価はそれぞれにフィードバックされ改善につながるとともに、予算編成にも生かされていきます。

◎…基礎となる事務事業評価のポイント

▶▶ すべては事務事業評価から始まる

　行政評価の礎は何といっても事務事業評価です。**原課が年に一度自らの行う事業について振り返りを行い、次年度に向けて改善を図る PDCAの「C」から「A」へとつなぐ大切な評価**になります。

　事務事業は施策に紐づけられているため、各事務事業評価の積み重ねが施策の評価につながります。こうした意味で、行政評価の礎なのです。

　また、「行政評価システムを活用した行政運営」といった大きな視点で語らずとも、**この事務事業評価を「作業」と思わずに、自らの仕事を1年に1度振り返る**ことは必要なことです。そこで課題があるのであれば、改善点を見出し、実際に行動にまで移していけるかどうかが行政サービス向上の分水嶺です。その原課の行動を後押ししていくのも企画政策担当の役割になります。

　事務事業評価シートは自治体によってさまざまですが、国立市のシートを例にポイントを挙げていきます。

▶▶ 現状把握の部

　まず1枚目は事業概要や活動実績、その事業が始まった経緯等を確認したうえで、「現状把握の部（PLAN）（DO）」としています。

　冒頭には、「事務事業の目的」と「事業の対象者及び対象とした理由」等を確認する項目を設けており、どのような目的の事業で、対象者はどのような人なのか、いわば基本の「き」を確認します。

　そのうえで、「各指標の推移」を確認します。活動量や成果を可視化

するとともに、対象者が減少していれば事業の必要性が薄れている可能性もあります。その際、**成果指標は「アウトプット」ではなく「アウトカム」にすることが重要**です。「アウトプット」とは活動量や事業量を表す指標であり、「アウトカム」とはその「アウトプット」などの行政活動によってもたらされた「成果」です。

わかりやすい例は道路事業です。道路を改良したり、バイパスを作ったりするときの「改良箇所」や「総延長距離」をカウントするのがアウトプットです。それによってもたらされる**交通アクセスの向上効果である**「通過短縮時間」や「渋滞個所の解消」がアウトカムです。

最近では、さまざまなスマートフォン向けアプリを導入する自治体も増えていますが、**アプリのインストール数はアウトプットであり、それによってもたらされる効果がアウトカム**です。つまり、アプリを導入して市民に数多くインストールされたことに満足するのではなく、それによって市民にとってどんな利益がもたらされたのか、市民満足度がどう上がったのかが重要です。

この視点でしっかりと事務事業評価シートを確認すると、残念ながら端的に言って**「都合が悪い」**事業がいくつか出てきます。本来的にはそうした事業こそ、しっかりと「改善」や「廃止」をしていかなければならないのですが、なかなかそうはいかないのが難しいところです。

すべての事業に対して的確な指標を設定するのは簡単なことではありません。しかし、どんな事業も目的を達成するために行っているのですから、目的とずれている事業や明らかに成果が出ていない事業については改善していく必要があります。

企画政策担当は、指標が的確であるかをチェックするとともに、**その事業が本当にその施策に貢献しているか、事業開始当初の目的からずれてきていないか、時代遅れになっていないかといった視点で担当課の評価を確認**します。

次に、「事務事業コストの推移」です。特に、行政は民間に比べ人件費がコストである認識が薄いように見受けられます。可視化することで人件費への意識を高めます。正規職員の人件費は便宜上、1時間当たり5,000円で計算します。厳密な時給ではなく、賞与や社会保険料等も考

慮する形です。会計年度任用職員も本来の時給ではなく、1時間当たり2,000円で計算します。事業費全体の推移を見るなかで、コストが上昇していても成果が出ていない場合などにはしっかりと要因を分析することが必要です。

▶▶ 評価の部

　2枚目は、まず「評価の部（CHECK）」として「必要性」「有効性」「効率性」「公平性」の4つの観点から評価していきます。

　「必要性」は、**そもそもこの事業を行政が税金で行う必要があるか、民間に任せられる分野ではないか、行政が行うにしても国や都道府県の仕事ではないのか**を検討します。近年は「こんなことまで行政がやらなければならないのか」と言いたくなるような事業が増えています。行政ニーズの多様化、対象者の多様化を感じます。

　「有効性」は、**事務事業が紐づいている施策の目的に十分貢献しているか、成果を向上させる余地はあるか、成果向上が期待できないのであればその原因は何か**を検討します。本来は効果がなければ事業を廃止するのが筋ですが、そうした指摘を受けたくないがために「効果があるように」作文されてしまうことが課題です。

　「効率性」は、**成果を下げずに事業費を削減できないか、歳入を確保できないか、延べ業務時間数を削減できないか（人件費削減の観点）、成果を下げずに外部委託できないか**といった事業費の削減余地・歳入の確保余地を検討します。「外部委託化」「民営化」というと悪いイメージを持たれて直営至上主義の方々に叩かれることがありますが、「公民連携」と言い換えると途端に良いイメージを持たれるのが不思議です。

　「公平性」は、**事業の内容が一部の受益者に偏っていて不公平ではないか、受益者負担が公平・公正になっているか**など受益機会・費用負担が適正かの検討を行います。既得権益化している事業ではないか、使用料・手数料が発生する事業であれば受益者負担は適正かを確認します。

　以上のような一般的な行政評価4項目に加え、市民の声や国立市独自のチェック項目として2点記載することにしています。国立市が掲げる

「ソーシャルインクルージョン（社会的包摂）」の理念と照らし合わせて多様性について配慮があるか、「SDGs」との関連はあるかをチェックする項目です。これは議会から、市全体の事業を「ソーシャルインクルージョン」と「SDGs」の視点でチェックするよう要請する声が上がり、行政評価の仕組みを利用したものです。このやり方はさまざまなことに応用できるでしょう。

▶▶ 大切なのはC（評価）よりA（改善）

最後に、評価結果の総括と「今後の方向性（ACTION）」として担当課による評価と全体総括、今後の方向性や改革・改善に向けた課題などを整理します。行政評価という名称ではあるものの、大切なのは評価よりもこの改善の方向で、その事業の課題の洗い出しや分析的な側面があります。「○○という課題がある。では、どうやって改善していくのか」をなるべく具体的に書き込んでいきます。

すでに述べたとおり、企画政策担当はこの改善について担当課を後押ししていく役割があります。その際、**「自分たちでこう書いているんだから改善しろ」**と上から目線で語るのではなく、**「一緒に改善していきましょう」**と伴走者として立ち振る舞うようにしてください。前者のような接し方をしていると、担当課は「企画政策担当にゴチャゴチャ言われるから、積極的な改善策は書かないようにしよう」と改善に消極的になってしまうのです。

▶▶ シートの改善は他自治体を参考に

以上、国立市のシートを例に解説しましたが、ほとんどの自治体が行政評価導入初期にはコンサルティング会社の支援を受けていたと思います。

そのため、同じコンサルティング会社の支援を受けた自治体はフォーマットが似通っているはずです。シートの改良を考える場合にはインターネットでいくつか他自治体を検索し、同じようなフォーマットの自治体を参考にしてみるのも一つの手です。

図表9　国立市事務事業マネジメントシートの記載項目

・事務事業名　　　　・政策名　　　　・施策名
・予算科目　　　　　・事業期間　　　・事務事業の概要

1　現状把握の部（PLAN）（DO）
（1）事務事業の目的
　・この事業を実施する背景・課題等（なぜこの事業を行うのか）
　・事業の対象者及び対象とした理由（できるだけ細かくセグメント化する）
　・この事業による直接的な効果及び施策の成果向上への道筋（裁量性の大きい事業のみ記載）

（2）各指標等の推移
　①活動指標（事務事業の活動量を表す指標）
　②対象指標（対象の大きさを表す指標）
　③成果指標（事務事業の達成度を表す指標）
　④上位成果指標（施策の達成度を表す指標）

（3）事務事業コストの推移
　・支出内訳（人に係るコスト・物に係るコスト・移転支出的なコスト・その他）
　・収入内訳（国庫支出金・都支出金・分担金及び負担金・使用料及び手数料・地方債・繰入金・その他）

2　評価の部（CHECK）
　①事業の必要性
　②事業の有効性
　③事業の効率性
　④受益機会・費用負担の適正化余地
　⑤事業の実施に当たり、ソーシャル・インクルージョンの理念を踏まえ、多様性への配慮はなされているか？
　⑥この事業を、国連が採択した持続可能な開発目標（SDGs）に照らし、どのように評価できるか？（裁量性の大きい事業のみ記載）
　⑦この事業の対象者からの意見（想定している効果と対象者の感じている効果のギャップはあるか？）（裁量性の大きい事業のみ記載）
　⑧この事業は施策の成果向上や公益の増進に役立っているか？（裁量性の大きい事業のみ記載）

3　評価結果の総括と今後の方向性（次年度計画と予算への反映）（ACTION）
（1）担当課評価者としての評価結果
（2）全体総括（振り返り、反省点）
（3）今後の事業の方向性（改革改善案）…具体的に記載
（4）改革・改善による期待成果
（5）改革、改善を実現する上で解決すべき課題とその解決策
（6）〈目標達成基準、見直し・廃止基準〉この事業はどのような状態となれば目標が達成されたことになりますか。また、見直し・廃止となりますか？

▶▶▶ 「施策評価」と「施策優先度評価」

　7−1で述べたとおり、事務事業は施策に紐づいています。言い換えれば、**事務事業評価を施策別に分類してまとめたものが施策評価**です。細かな事務事業を集めてより大局的な視点で評価を行うことになります。また、通常は基本計画の施策ごとに分かれているため、連動させることによって基本計画のPDCAサイクルを回す側面もあります。この点が重要です。

　国立市の場合、事務事業評価と違い、担当の管理職が大局的な評価を行い、関連する課の管理職も交えた議論を行います。施策全体としての課題を洗い出し、足りない部分については改善を図っていきますが、具体的に「予算化」することで示していくことになります。

　各施策を評価したうえで、限られた財源をどの施策に優先的に配分していくかを決めるのが「施策優先度評価」です。各施策の評価が出そろったら、次年度の予算編成の前に庁議メンバークラスで議論を行います。総合計画の実現のために、進捗が遅れている施策には積極的に財を投入していく判断もあるでしょうし、一方で予期せぬ社会情勢の大きな変化に対応するため、計画策定時よりも優先度を上げざるを得ない施策なども次年度の「行政経営方針」として取りまとめます。どの施策に優先的に財を投入していくのかとともに各施策の方向性を記載します。それが実施計画や予算編成方針の基礎となる方針となります。

7 | 3 ◎…「作業」にさせない 仕組みと風土づくり

▶▶▶ 「評価疲れ」を肯定してはいけない

　7－1で行政評価は「曲がり角と言われて久しい」と述べました。三重県で導入されて以降、四半世紀以上が経過し、**早期に導入した自治体ではマンネリ化が進み「作業」になってしまっている**ことも少なくないでしょう。例えば事務事業評価でいえば、前年度のシートの年度や予算額、数字だけを更新し、中身の検討は行わないのが「作業」です。

　職員の側にいわゆる**「評価疲れ」**が見え始めているのも事実です。行政評価を多くの自治体が導入し始めた2000年代半ば頃に比べ、「仕事は増え、人は減る」中で、評価に費やせる時間は短くなっています。

　「これだけ見直しをしました」という行政評価を活用した成果が個々の職員には見えにくい現状もあります。予算編成の際に生かされているはずですが、大きな事業の廃止等でなければあまり目立つことはありません。また、根が深いのは**担当者が事業廃止の提案を行っても管理職や理事者がひっくり返す**ことです。職員は挫折感や徒労感を感じ、それが積み重なり経年していくなかで、制度への目的意識がどうしても薄れてきてしまうのです。

　しかしながら、評価疲れがあることは認めつつも、企画政策担当は決してそれを肯定するわけにはいきません。1年に1度、自らが行っている業務を振り返り、成果を把握し継続的に問題点を改善することは、民間企業であれ行政であれ当然必要なことです。そういう点も踏まえて、意識改革が必要なのです。担当者が「数字だけ変えて出しておけばいいから」と引継ぎをし、若手の頃からこうした認識になってしまうことは避けなければなりません。そのため、継続的な研修も当然必要です。

一方で、理想論やあるべき論ばかりを述べているわけにもいきません。現実問題としてそのような「作業」にさせない仕組みを作り、負担軽減を図ることも必要です。

▶▶ 職員負担軽減のポイント

負担感の最たるものは評価しなければならない事業の「数」です。

担当課（係）によって、量に差がありますが、国立市も導入当初は約800事業すべての事務事業を評価していました。「対象」と「意図」が異なる事業はすべて別事業としていたからです。「対象」と「意図」とは「その対象をどのような意図をもち、どのような状態にしていくのか」ということです。

例えば、防災行政無線には、職員や関係者同士が通話できる「地域系無線」と、市域全体に放送を流す「固定系無線」の2つがあります。当初はそれぞれの維持管理を別事業として捉え、1枚ずつシートを作成していました。「防災行政無線（地域系無線）維持管理事業」と「防災行政無線（固定系無線）維持管理事業」です。一見、1つにまとめられるように見えます。しかし、先の「対象」と「意図」の定義に当てはめると「意図」はいずれも「正常に稼働するために適切な維持管理を行う」ことですが、「対象」が「地域系無線」と「固定系無線」とで異なります。

この事業の「対象」は、もう少し大きな視点で見れば、「災害時に使用する機器」「防災に関連する機器」であり、「防災関連機器維持管理事業」として1つにまとめられます。このようにして**「対象」を少し広義に捉えて事業をまとめ、数を減らしていくのも手**です。

また、「作業」にしてはいけないと述べましたが、市に裁量性がなく、1年に1度の補助金支出しかしていない事業のシートを「クリエイティブに書きなさい」と言っても無理な話です。

そこで、国立市ではシートに「裁量性」の項目を設けました。その事業の裁量性を便宜上、「裁量性が大きい事業」「法令等により事業の実施が義務付けられている事業」「公共施設、車両、システム等の維持管理のみを行う事業」「各種協議会等への参画のみを行っている事業」「審議

会等の運営のみを行っている事業」「その他、基金の管理、保険の加入、証明書の交付等の裁量性の小さい事業」の6つに分類しています。

　裁量性が大きい事業は改善の余地も大きいと言えることから毎年度評価を行っています。一方で、裁量性がほとんどない義務的な事業や近隣自治体と構成する「○○協議会」への参画のような**予算も負担もほとんどないような事業については、大きな状況の変化がなければ3年に1度の評価とすること**にしました。

　これらにより、当初は約800の事業評価をしていましたが、現在は年400を切っています。短期的な負担軽減策としてはこのような方法で評価する「量」を減らすことができます。

▶▶▶ 中長期的な仕組みづくり

　次に中長期的な仕組みづくりですが、地方自治法第233条第5項の規定はご存じでしょうか。

　普通地方公共団体の長は、第三項の規定により決算を議会の認定に付するに当たつては、当該決算に係る会計年度における主要な施策の成果を説明する書類その他政令で定める書類を併せて提出しなければならない。

　ここで規定されている「主要な施策の成果を説明する書類」とは、法に定めがあり、どこの自治体でも必ず作成されているものです。「事務報告書」と呼んでいる自治体も多いかもしれません。自治体によっては、**事務事業評価シートをこの「主要な施策の成果を説明する書類」とする**ことで、庁内全体の作業量を半減させています。事務事業評価シートに代えることで、別途、事務報告書の原稿を作成する必要がなくなるのです。

　また、決算審査に使われる書類となるため、庁内全体としてこれまで以上に真剣に取り組むことができます。国立市でも、過去何度か検討し

実現できていないのですが、**先進自治体は事務事業評価シートに加えて新地方公会計制度に基づく行政コスト計算書までを一体化**しています。

　これを実現するには、事務報告書の担当課との調整をはじめとする庁内合意や何より議会の理解を得ることが必要なため、中長期的な取組みとなります。

　最後に、やや長期的な視点での仕組みづくりとしては、組織風土の醸成があります。多くの職員が**「業務改善することは、楽しいことである」****「仕事を見直すこと、改善することは当たり前である」**と感じるような組織風土です。また、改善・改革をした職員が報われる組織風土でなくてはなりません。

　そのためによく聞くのは、「人事評価の項目に加えてはどうか」という声です。**「業務改善」**について**評価項目に加える**ことによって、頑張って改善した職員がきちんと評価されることにつながります。例えば埼玉県深谷市では自治体 DX を推進するにあたってですが、人事評価の目標の１つに「ICT 化の推進」を位置付けたそうです。人事評価に位置付けられることによって個人の行動が促され、全庁へと広がっていきます。

　努力に報いる、そんな思いで国立市が企画政策担当マターとして立ち上げたのが、**職員表彰制度**です。日頃の仕事の成果や市政に関する提案などを審査の上、優秀なものについて表彰する制度ですが、業務改善の実績も表彰対象としたのです。組織風土の醸成は一朝一夕にはいきませんが、こうした業務改善の風土づくりも大切で、その見直しツールとして事務事業評価をはじめとする行政評価が使われることが理想です。

7│4 ◎…「外部評価」と「事業仕分け」

▶▶▶ 「外部評価」という「外圧」

　行政評価の課題の1つに「行政評価はあくまでも行政『内部』の評価である」点があります。その名のとおり、「行政」が自分たちの事業や施策を「評価」するため、「自分たちに甘いのではないか」「客観視できていないのではないか」「都合のいいように評価しているのではないか」といった批判を受けることがあります。

　こうした課題を解決するため、「外部評価」を導入する自治体もあります。国立市でも2014年度に事務事業評価に対する評価を行う附属機関として「事務事業評価委員会」を条例設置し、6年間で63事業の外部評価を行いました。その後、2020年度に事務事業評価委員会を発展的に解消し、新たに事務事業評価の一階層上にあたる施策評価に対する外部評価を行う「施策等評価委員会」を設置しました。これは、行政の実施する事務事業は相互に密接に関連しており、**単一の事務事業を取り上げて評価するのではなく、趣旨・目的・効果等が類似した事務事業は本来一括して評価すべき**との考え方からです。

　外部評価を実施するメリットは、冒頭に挙げた批判に対する答えとして、行政内部の評価を第三者視点で評価したうえで、さらなる改善や効率化につなげることができる点です。また、**行政にとって良い意味での「外圧」**となることです。行政内部ではなかなか廃止、予算削減まで踏み切れなかった事業についても、外部評価委員の忌憚のない意見が附属機関からの答申としてまとめられ、廃止や予算削減が上がってくれば尊重しなければならないからです。

　また、必ずしも「削減」ありきではなく、ときには**サービス水準の向**

上につながることもあります。ニーズは感じながらも予算的・人員的な制約や庁内全体の優先順位を鑑みて見送っていたことに関しても、指摘を受けることで優先度が上がり、実施へとつながることもあります。

デメリットとしては、職員がシートを「**外部評価で指摘されないように**」書いてしまうことです。もともと市民に対して公開される前提のものですが、さらに関心の高い外部評価委員から指摘を受けるとなると、「いろいろとやらなければならない」といったマイナス感情が働き、よそ行きのシートになってしまうのです。

実際にこんなことがありました。第三者評価を行うにあたって、担当課の問題意識を第一に考え、その評価対象事業選定を「担当課評価で『改善の余地あり』とされている事業」としました。つまり、まずは担当課自身がしっかりと評価を行い、担当課自身も「改善の余地あり」と考えている事業についてさらに第三者評価にかけることにしたのです。担当課が「改善の余地なし」と判断している事業について、企画政策担当が恣意的に事業を狙い撃ちするような形にしない仕組みです。

ところが、この仕組みをある意味逆手に取ったのか、とある課が所管するすべての事業を「改善の余地なし」と評価して出してきたのです。「改善の余地なし」であれば第三者評価の俎上に載せなくてすむからです。これには頭を抱えました。これでは7-3で述べた「作業」そのものです。外部評価以前に事務事業評価自体を行う意義がまったくないことになってしまいます。

▶▶「事業仕分け」との違いとは

過去に民主党政権下で一世を風靡した「事業仕分け」はご存じでしょうか。仕分け人と呼ばれる有識者が役人に辛辣な言葉を浴びせ、役人たちが言葉に窮する場面が大きく報道されました。この「事業仕分け」は自治体でも一時期ブームを巻き起こしました。先に述べた「外圧」としての効果は絶大でした。

「事業仕分け」は行政評価の外部評価委員会とは違い、その場でその事業に対して「廃止」「継続」「民間（に任せるべき）」といった判定を「仕

分け人」や仕分け人と行政当局とのやり取りを聞いた市民による「判定人」が行います。その名のとおり、事業を「仕分ける」ことが目的です。通常、外部評価委員会ではそのような即時的判断は行わず、最終的に報告書（答申書）に取りまとめる形になります。

　「仕分ける」ことではなく、行政評価に対する第三者評価が目的ですので、成果指標の設定や事業手法の改善など幅広い意見をもらうことになります。

▶▶▶ 外部評価委員の選定

　外部評価委員の人数と選定については、国立市の場合は学識経験者委員3名、市民公募委員2名の計5名としています。このあたりは各自治体での状況によってさまざまな考え方があるでしょう。最も難しいのは、**学識経験者委員と市民公募委員との人数バランスをどのように取るか**です。この点については「事業仕分け」とは違い、性質的にあまり多くの市民が入るものではないと考えています。

　先に述べたとおり、「事業仕分け」は仕分け人の議論を聞いて、多数の市民判定人が判定を下す仕組みがありますが、あくまで**外部評価の目的は仕分けではありません**。また、自治体の行う事業にはすべてある種の利害関係者が存在し、そのほとんどは市民なのです。

　例えば、当然に子育て世代は子育て支援策や教育の充実を望み、高齢者は高齢者福祉の充実を望みます。居住地域、性別、世帯構成といった属性によってもさまざまな市民ニーズがあるなかで、直接の利害関係者にもなり得る市民公募委員が多数を占める構成はふさわしくありません。9−3も参照しながら、慎重な検討を行ってください。

171

第**8**章

総合計画の策定

8｜1 ◎…総合計画の役割と機能

▶▶「総合計画」とは

　総合計画は、都市計画マスタープランや地域福祉計画、地域防災計画などさまざまな個別計画の「**最上位**」に**位置する計画**です。自治体によっては「ソウケイ」「チョウケイ」という略称で呼ばれています。

　企画政策担当に配属される前、特に勤続年数が短い方はこれまであまり総合計画を意識してこなかったかもしれません。しかし、企画政策担当になったからにはその意義を理解し、推進していかなければなりません。また、**最上位計画であるがゆえに、その策定（改訂）は全庁にとどまらず自治体を挙げた大掛かりな仕事**となります。策定（改訂）は企画政策担当になったからといって誰でも経験できる仕事ではありません。タイミングよく携わることができれば、自治体職員としても貴重な経験を積むことができるでしょう。

▶▶総合計画は三層構造

　総合計画は一般的に、**基本構想－基本計画－実施計画**の三層構造から成ります。これは1966年に自治省が設置した「市町村計画策定方法研究会」の報告書で「基本構想－基本計画－実施計画」の体系が示されたことによります。この全体を指して「総合計画」といいます。

　一方、近年では二層構造の自治体も増えており、国立市の隣の国分寺市では基本構想にあたる「国分寺市ビジョン」の下に基本計画と実施計画を合わせた「国分寺市ビジョン実行計画」を策定しています。しかし、**まだまだ三層構造が一般的**です。

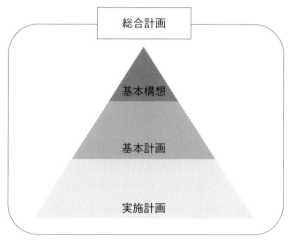
図表10　一般的な総合計画の体系

総合計画

基本構想

基本計画

実施計画

①「基本構想」とは

　まちの理想の姿（まちづくりの目標）を描き出すものです。そして、その目標は行政と議会を含む全市民が共有し、協力して実現を目指していくことになります。以下に述べる「基本計画」や「実施計画」のみならず、先に述べたその他のさまざまな個別計画の礎となります。

　なお、**基本構想の策定は、40年以上にわたり地方自治法で義務付けられていましたが、2011年の改正により廃止**となりました。従来は必ず策定しなければならず、それも議会の議決を得る必要がありましたが、法改正後は策定するかどうか、また策定する場合にも議会の議決を得るかどうかは、各自治体の判断に委ねられることとなりました。ただし、民間コンサルティング会社の調査によれば、**約9割近い自治体が依然として基本構想を策定**しており、さらにその約9割が議決を得ているようです（三菱UFJリサーチ＆コンサルティング「令和4年度自治体経営改革に関する実態調査報告」）。国立市でも継続して策定しており、引き続き議会の議決も得ています。

　一方で、この義務付け廃止以降、自治体の自由度が上がり、**策定する場合も二層構造にする自治体が増えてきた**ように感じます。

②「基本計画」とは

基本構想に掲げる将来像等を実現させるため、その施策や根幹的事業を示すものです。基本構想の下位に位置付けられます。**新規事業を始める際などに「基本計画に載っているこの部分です」と1つの根拠となる計画**です。企画政策担当以外の部署であっても、少なくとも自分の所属する課の施策は見ておくことが大切です。

③「実施計画」とは

基本計画に基づく施策を**比較的短いスパン（3年程度）でどのように実施していくか、具体的な事業内容を明らかにする**ものです。予算編成の指針ともなり、社会経済情勢の変化等に迅速に対応するため、毎年度見直し（ローリング）を行います。

▶▶▶ 計画策定に際しての心構え「ビジョンを語れるか」

自治体にとっての最上位計画である総合計画は、自治体の将来ビジョンです。そこで、担当者である皆さん自身が、ビジョンを熱く語れなければなりません。

特に基本計画の各施策の策定では、各課長層に対してこの意識を持ってもらうように心がけましょう。**「企画政策担当にやらされている」意識をいかに変えていくことができるかがポイント**です。各課長層だけでなく、関わる全職員を含め、策定作業に入る前にキックオフイベント的な研修を行うのもよいでしょう。総合計画（基本計画）というビジョンに、今自分たちがやろうとしていること、課題解決の方向性を書き込んでもらうことになります。策定後は、総合計画は中長期を展望する未来像のため、そこを拠り所に当面の目標として課長層は組織目標を立てていきます。課長にビジョンを持って基本計画策定にあたってもらい、策定後はそれに基づいて組織としての目標を立て、課・係へと浸透させてもらうのです。

繰り返しますが、まずは皆さん自身が総合計画の意義を理解し、熱く語れるように準備をしていってください。

8│2 ◎…計画期間を決める

▶▶▶ 基本は10年・5年・3年だが、多様化傾向

　総合計画の計画期間は、基本構想を10年とする例が一般的です。これは1969年に地方自治法改正で基本構想が義務付けされた際、当時の自治省が出した「基本構想の策定要領について」（昭和44年9月13日自治振第163号）に由来します。この通知において、期間は「**一般的にはおおむね10年程度の展望は持つことが適当である**」とされていたからです。まちの将来展望を語るわけですから、ある程度の長い期間は必要でしょう。4、5年でコロコロ変わるようではどんどんビジョンがブレていきますし、計画を作る意味も薄れていきます。また頻繁な改訂は職員側にも相当な負担がかかります。

　基本構想の年数が決まれば、基本計画や実施計画の年数はおのずと決まってきます。**基本構想が10年であるならば、基本計画は前期と後期の2期に分けて5年計画とし、実施計画は3年程度で毎年ローリング（詳しくは、8－5を参照）させるのが一般的です。** 8－1で触れた「市町村計画策定方法研究会」の報告書においても計画期間が「10年－5年－3年」とされていたため、当初は多くの自治体がこの年数で計画を立てたのではないでしょうか。

　ご多分に漏れず、国立市もかつては基本構想10年、基本計画5年、実施計画3年で運用を行っていましたが、現在は基本構想12年、基本計画8年（実質4年3期）、実施計画4年で運用しています。実施計画を3年ではなく4年としているのは、**基本計画との連動を意識したもの**です。

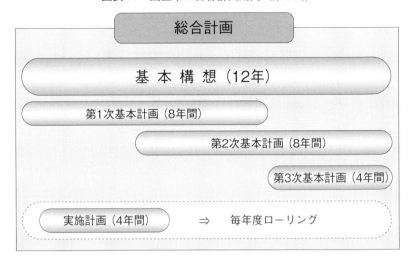
図表 11　国立市の総合計画期間（第 5 期）

総合計画

基本構想（12年）

第1次基本計画（8年間）

第2次基本計画（8年間）

第3次基本計画（4年間）

実施計画（4年間）　　⇒　　毎年度ローリング

▶▶▶ 首長任期と連動した4の倍数設定

　10 年という基本構想期間の課題の 1 つとしては、実際の行政運営に
あたる首長任期（4 年）との離齬があります。「**行政の継続性**」を考え
れば、計画は計画として、首長任期とは切り離して考えるべきとの意見
もあるでしょう。考え方はさまざまですが、例えば国立市のように、**基
本構想を 12 年とし、基本計画を 4 年×3 期とするなど、4 の倍数を計
画期間に設定することで首長の任期と連動させることができます**。

　国立市では、第 4 期基本構想第 2 次基本計画にて、計画期間（5 年）
が始まったばかりの 4 月下旬の選挙にて首長が交代する事態が生じまし
た。いわゆる革新系の現職が保守系の新人に敗れる選挙でした。革新市
政時代に策定された 5 年計画がスタートして 1 か月で保守市政に転換し
たのです。

　特に当時の国立市は、住基ネット（住民基本台帳ネットワーク）に接
続していないことで全国的に注目を浴びていた自治体でした。現在で例
えるなら、マイナンバー制度に加入していない自治体といったところで
しょうか。そうした大きな争点があった選挙でもあり、同時に行われた

市議会議員選挙においても議会構成に大きな変化があったことから地方政治であっても保守と革新の交代はそれなりに大きな影響がありました。

　結果として事実上、革新市政時代に作られた計画は機能不全となり、その教訓から次の第5期基本構想から首長任期に合わせる形をとることになりました。こうすることで、今後は首長選挙から約1年で次の基本計画や基本構想を策定するタイミングが来ることになり、最適なサイクルとなると考えたのです。なお、詳細は8－6で触れますが、首長任期に合わせる考え方は、2003年の統一地方選以降急速に広まった「**ローカルマニフェスト**」（首長選挙における選挙公約）に端を発しています。

　「首長が交代した場合は、早期に計画を改訂すればよいではないか」との意見もありました。その腹積もりがあれば4の倍数にする必要はありません。しかしながら、計画策定にはそれなりの労力や費用がかかります。結果として国立市は計画の改訂はせず、新市長の政策は4－3で述べた「行政経営方針」に色濃く反映させる形を取ったのです。

　4の倍数としたときの計画期間ですが、国立市はもともと基本構想を10年で運用していたことや、長くなればなるほど見通しの不透明さが増してくることなどを鑑み12年としました。作業量としては、基本構想を策定するために議決を得ることも考慮すると、かなりのボリュームがあります。例えば20年のように長い期間で設定することで、改訂が20年に1度で済むわけですが、さすがに社会情勢の変化に対応できるか疑問ですし、事務的にノウハウの継承が難しくなります。

　なお、首長が任期中に急逝する悲劇に見舞われ、結果として計画期間は首長任期とずれてしまいました。このようなこともありますし、**任期中の辞任なども当然起こり得る**ため、何が正解か一概には言えないところです。

8│3 ◎…基本構想でまちの将来像を描く

▶▶ 義務付けがなくなっても必要なのか

8－1で述べたとおり、地方自治法による義務付けがなくなった後も、約9割の自治体では基本構想を策定しています。また、基本構想の策定をやめた自治体でも、何らかのそれに代わるまちづくりのビジョンは策定しているはずです。やはり、**ビジョンなくしてまちづくりは成り立たないのです。**

基本構想の必要性は、大きく分けて2点挙げられます。

1点目は「**戦略性**」です。基本構想では、まず計画期間後の「まちの将来像」を定めます。将来像とは、言い換えれば10年20年先の「まちの理想の姿」です。**将来像を実現するために、向こう数年間で何を行うのか、その具体的な戦略を書き込むのが基本計画と実施計画です。**また、厳しい財政状況の中、多くの自治体で「選択と集中」が叫ばれていますが、「基本構想」という旗印があってこその「選択と集中」なのです。

2点目は「**中長期性**」です。将来像なしに行き当たりばったりで行政運営を行っていては、どこかに齟齬が生じて無駄が出たり遠回りしたりすることになります。目前の課題の解決は当然必要ですが、闇雲に事業を立ち上げればよいわけではなく、**中長期を見通したビジョンが必要**になります。

▶▶ 基本構想の構成

8－2で紹介した旧自治省による通知では、「基本構想は、当該市町村の存立している地域社会についての現状の認識および将来への見通しを基礎として、その地域の振興発展の将来図およびこれを達成するため

に必要な施策の大綱を定めるものであること」と記されていました。その流れを受けて、一般的に基本構想は大きく分けて「まちの将来像」と「基本施策の方向性（大綱）」の2本立てで構成されています。

国立市では、国立市総合基本計画に関する規則第2条第2項において、「『基本構想』とは、市の将来の目標及び目標達成のための基本的施策を明らかにし、基本計画、実施計画及びその他の事務事業計画の基礎となるものをいう」と定義づけています。義務付けもなくなった今、何をどう盛り込むかは自治体の裁量に任されていますが、一例を示します。

①「まちの将来像」

基本構想が目指すまちの将来像を短い文章で表現したものです。

国立市と隣接する立川市では「にぎわいとやすらぎの交流都市　立川」を掲げています。多摩地域の交通の要衝であり、商業都市として賑わいを見せる一方、国営昭和記念公園などの豊かな自然を有する面をやすらぎと表しています。

国立市と友好交流都市となっている秋田県北秋田市では「**住民が主役の"もり"のまち**」を掲げています。森吉山などの自然を活かし、「ぬくもりや見まもりで地域をもり上げる」との願いが込められています。

国立市では、「将来像」とは括らず、まず「基本理念」として「人間を大切にする」を定めています。さらに都市像を「文教都市くにたち」と定めています。そのうえで、「まちづくりの目標」として「**学び挑戦し続けるまち　ともに歩み続けるまち　培い育み続けるまち　文教都市くにたち**」を設定しています。

将来像は基本構想期間のまちづくりの目標となるため、市民と思いを共有することが必要です。そのため、策定過程での市民参加が欠かせません。

②「基本施策の方向性（大綱）」

将来像の実現に向けた各基本施策の方向性を大綱的に示すものです。**基本構想では、後述するようにある程度の抽象度が求められるため、大綱にとどめ、具体的には基本計画・実施計画で記載していく**ことになります。このあたりの「書きぶり」は、自治体ごとに大きく差が見られま

す。「教育」「福祉」「環境」「まちづくり」などの分野ごとに施策体系、施策名称のみ示している自治体もあれば、もう少し詳しく各施策それぞれに文章で方向性を記載している自治体もあります。国立市は9つの政策の下に29の基本施策が紐づいていますが、基本構想においても9つの政策の大綱を示し、それが基本計画の29施策へとつながっています（図表12）。

　基本計画に重点施策を記載する場合は、構想でもその大綱を示しておくのがよいでしょう。構想期間が10年程度であればその10年間力を入れて取り組む分野について大綱的に記載します。

図表12　国立市第5期基本構想の基本施策体系

政策1	人権・平和・男女平等参画		基本施策1	人権・平和のまちづくりの推進
			基本施策2	女性と男性及び多様な性の平等参画社会の実現
政策2	子育て・教育		基本施策3	安心して子どもを産み育てられる子育て支援
			基本施策4	すべての子どもが自分らしく生きられる子育ち支援
			基本施策5	学校教育の充実
政策3	文化・生涯学習・スポーツ		基本施策6	文化・芸術活動の推進と歴史・文化遺産の適切な保護
			基本施策7	生涯学習の環境づくり
			基本施策8	スポーツの振興
政策4	保健・福祉		基本施策9	健康づくりの推進及び保健と医療の連携強化
			基本施策10	高齢期の充実した生活への支援
			基本施策11	しょうがいしゃの支援
			基本施策12	支え合いの地域づくりと自立支援
政策5	地域・安全		基本施策13	防災体制の充実
			基本施策14	防犯対策の強化と消費生活環境の整備
			基本施策15	地域コミュニティ・課題解決型コミュニティ活動の促進

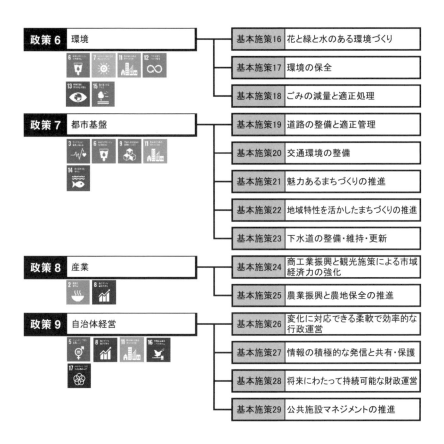

③その他の項目

　大きく分けて上記の2項目のほかに「**市民像**」や「**役割分担**」といった、市民に対して求める項目を設ける自治体もあります。市民憲章や自治基本条例のない自治体がこの項目を設ける傾向にあるようです。

　「**土地利用構想**」を盛り込む自治体もあります。自治体の中でも地区によって特色があると思いますが、その利用の方向性についてあらかじめ定めておくものです。宅地開発を進める地区、農地や自然を保全する地区、企業を誘致する地区など、都市計画マスタープランの礎となる部分を最上位計画である基本構想に定めておく手法です。

　かつては「**目標（計画）人口**」を盛り込む自治体も多かったのですが、2014年11月に施行された「まち・ひと・しごと創生法」に基づき、「地

方人口ビジョン」の策定を求められたことから、詳細はそちらに譲り**人口動態や将来展望だけを記載**する自治体が増えました。盛り込む場合も「目標（計画）人口」は後述する議決の範囲外で設定することが望ましいと考えています。人口を増やす計画にしても減少を抑制する計画にしても議決にはなじみません。

　「社会経済情勢」や「財政計画」についても、議決範囲でないところで「序論」のような章を設けて記載します。

▶▶ 基本構想に求められる「抽象度」

　基本構想は、概ね10年スパンの中長期の行政計画です。したがって、社会経済情勢の変化や政治情勢の変化などによっても大きく揺らぐことのない、一定程度の抽象度が求められます。政治家は、任期4年という中で、たとえ首長が代わっても議会構成が変わっても、そういった「政変」によらない、自治体として長期的に取り組むべきことを書き込んでいく必要があるのです。よって、基本構想には今後行うべき施策のすべてを具体的に網羅する必要はありません。**目指すべき将来像や都市像、まちづくりに関する理念など大きな括りで捉えた行政運営の根幹を示すもの**となっていればよいのです。

　三層構造の場合は、基本構想の下位に位置付けられるのが基本計画となるため、より具体性を持った施策や根幹的事業は基本計画に書き込みます。さらに分野ごとの詳細な施策や事業は実施計画や個別計画に記載します。

　抽象度としては、【基本構想＞基本計画＞実施計画・個別計画】となり、当然に具体性は【基本構想＜基本計画＜実施計画・個別計画】と逆になります。

▶▶ 基本構想は「バックキャスティング」

　「バックキャスティング」とは、最初に目標とする「未来像」を描き、そこから逆算して「いま何をすべきなのか」を考える思考法のことです。

1990年代から広く使われるようになったようですが、ここまで見てきておわかりのとおり、私たち行政は遥か以前から基本構想を起点とした「バックキャスティング」手法を用いてまちづくりを行っています。「バックキャスティングで物事を考えろ」と言われたら、「行政はとっくに取り組んでいますよ」と自信を持って答えましょう。

▶▶ 議決を得て市民との約束とする

最後に、議決についてです。義務付けがなくなってもほとんどの自治体が引き続き議決を得ていることは先に述べたとおりです。議決根拠となっていた地方自治法の条文が廃止になったため、各自治体は新たな議決根拠を作って対応しています。

国立市の場合は「国立市基本構想を地方自治法第96条第2項に規定する議会の議決すべき事件として定める条例」と、少し長い名前の条例を制定しました。地方自治法第96条に「普通地方公共団体の議会は、次に掲げる事件を議決しなければならない」とあり、第2項には「前項に定めるものを除くほか、普通地方公共団体は、条例で普通地方公共団体に関する事件（中略）につき議会の議決すべきものを定めることができる」と規定されています。この条文に基づく条例を制定したのです。

このほか「自治基本条例」に定めを置く自治体や、そのまま「総合計画の策定に関する条例」などを策定している自治体があります。いずれにしても、基本構想で描くまちの将来像は市民と議会、行政で共有し、一体となってその実現へ向けて協働していくことが求められます。したがって、先にも述べたとおり策定過程においても市民とともに作り上げていくことが大切ですし、**最後には市民の代表である議会の議決を得て、市民との約束とする**のです。

なお、「どこまでを議決対象にするのか」は吟味が必要です。稀に「基本計画」までを議決対象としている自治体がありますが、あまりにも拘束力が高まるためお勧めしません。**基本計画まで議決を得てしまうと何かあった際に修正をかけることも容易ではなくなり、柔軟性が失われてしまう**からです。

8│4 ◎…基本計画により 必要諸施策を 策定する

▶▶ 基本計画の構成

8 - 3 で述べたとおり、基本構想ではある程度の抽象度をもって「まちの将来像」が描かれます。**その実現のために何をなすべきかを具体的に示すのが基本計画です。**

国立市の場合、図表 12 で示したとおり、9 つの政策の大綱を基本構想で掲げ、それらを具現化していくと 29 の施策に分かれる建付けです。もちろん、自治体によって特色がありますが、基本計画は施策ごとに概ね以下の 4 点で構成されます。なお、①～③には、市民参加によって集めた反映すべき意見を積極的に盛り込んでいくようにします（市民参加の詳細は 9 - 6 を参照）。

①現状と課題

まず、施策の現状と課題を分析します。施策に関わる近年の社会経済情勢や国・都道府県の政策動向、自治体の現状などを踏まえ、今後のまちづくりに向けた主要課題を示します。現状と課題の分析は、次の②・③の前提となる重要な作業になりますが、行政評価を導入している自治体であれば、毎年度の施策評価において同じような作業を行っていると思います。活かせるものは活かして省力化を図っていきます。

②現状と課題を踏まえた施策の目指す方向性（柱）

①の現状と課題を踏まえて、施策の推進によって目指すべきまちの姿と、施策を構成する基本的取組みの体系を示します。国立市の場合は「展開方向」と呼称しています。計画期間内に目指すべき方向性や柱を 3 ～

5点掲げます。現状を分析した結果、課題があるとすれば、その課題克服の方向性を挙げます。

③取組み内容（主要事業など）

柱ごとに取組み内容や主要事業を挙げていきます。目的の実現に向けた具体的な手段を示していくのです。

②と③は「目的と手段」の形になるため、②で施策のあるべき姿を描き、③でそのために実行していく手段（事業）を挙げていきます。

④数値目標・成果指標

最後に、進捗が図れる数値や成果指標を掲げます。ここについては以降に詳細を述べていきます。

▶▶▶ 数値目標・成果指標の設定

皆さんもこれまでの職務の中で組織目標を目にしたことがあると思います。基本計画の数値目標・成果指標においても、一般的な目標設定のポイントである以下の4点を応用して設定します。

①具体的であること

計画の期間内に「何を」「どれだけ」達成するか、具体的でわかりやすいものを設定します。本来的には数値で現状「75％」→目標「90％」のように目標を設定することがわかりやすく具体的なのですが、後述するとおり、**目標数値を設定するのは本当に難しい**のが実情です。

②職員が理解できること

職員が理解できない目標は目標とは言えません。内容を理解するとともに、「なぜ」それを目標とするのか理由の理解も必要です。市民からも理解を得られることが望ましいのものの、**得てして中途半端なものになりがちなので注意が必要**です。

③職員の役割が明確であること

　その目標を達成するにあたっての職員の役割が明確ということです。組織目標における「職員」を、基本計画の場合は「行政」に置き換えます。自分たちの取組みによってではなく、**他力本願で数字が変化するものは望ましくありません**。また、国や都道府県のさじ加減で数値が大きく左右されるものも望ましくありません。目標が達成に至った（うまくいった）際はあまり語られないのですが、失敗した際には「国の○○の影響を受け……」のように言い訳に使われる場合があるからです。

④ある程度のチャレンジ性があり、達成可能であること

　主に数値目標を設定する場合、絶対に無理な目標でも何もしなくても達成できる目標でもなく、**頑張って達成できるレベルの目標**を立てましょう。例えば防災面で、ある地区の耐震化率を90％から95％に上げる目標があるとします。全体が100戸だとして、非耐震化住戸10戸のうち5戸耐震化すれば目標達成です。ただ、その10戸のうち、すでに6戸が建替え予定であれば、何もせずに96％で達成することになります。これでは目標を立てる意味がありません。

▶▶ 数値目標を定める難しさ

　一般的に、数値目標は評価をしやすいものの、根拠づけが非常に難しい面があります。例えば「ふるさと納税を○億円獲得する」といった目標であれば、成果としてわかりやすく、評価もしやすいといえます。

　一方で、例えば市民意識調査の数値を用いる場合、調査対象市民が4年なり5年なり変わらず、継続調査であれば変化を見ることができます。しかしながら、毎年度無作為で選び直す際には、対象の変化によって数値の変化も生まれてしまいます。また、例えば「合計特殊出生率」の向上を目指すとした場合、どの取組みによって数年後に数値がどの程度上がるかなどを厳密に予測、算定するのはそもそも不可能です。

　実は、基本計画の策定で意外に大きな時間を必要とするのがこの「数値目標の設定」なのです。**すんなりと根拠を持った数値目標が決まるこ**

とは稀です。半ば無理矢理定めてその根拠を示しますが、議会や市民から「根拠は何だ」と問われた際によどみなく答えることができ、かつ実現可能な数字を定めるのには非常に苦労します。企画政策担当としても、原課が挙げてくる数値目標の妥当性について議論するのですが、**実際、実効性を持たせるのは本当に難しいのです。**

したがって、基本計画の場合には数値は計画開始年度の現状値のみ示し、施策に応じて、その数値を「向上させる」「低減させる」「維持する」といった方向性のみを示す程度で本当は十分なのです。実際に、矢印で上昇（増加）「↑」、抑制（低減）「↓」、維持「→」というように、方向性を示すだけの指標を設定している自治体もあります。

国立市も過去に数値目標を示さずに方向性のみを示すことを模索したことがありましたが、途中の議会報告の際に当時の与党議員から比較的強めに「数値目標をしっかりと設定するように」との要望があり、数値を設定せざるを得なかったことがあります。

いずれにしても、本質とは言えないところに多くの時間を割くのではなく、**計画の中身にこそ多くの時間を割くべきなのです。**そこで、すべての施策はカバーできないかもしれませんが、今をときめく SDGs やウェルビーイングの指標にしてしまうのも一考です。これであれば多くの時間をかけて悩む必要もありません。

なお、後述する地方版総合戦略（8－6参照）との統合をする際には、KPI（重要業績評価指標）を求められることから、何らかの数値を設定せざるを得ません。重点事業だけは「もっともらしい」数値目標を設定する必要があります。

▶▶ 重点施策を設けて総花批判を封じる

基本計画をめぐる１つの議論として、「総花的」との批判があります。しかし、基本計画が総花的になるのはある程度仕方ありません。**自治体の最上位計画である以上、幅広い分野を網羅する必要がある**からです。

国立市の場合、基本計画策定にあたっては、市議会の全員協議会で意見を伺うことが通例となっています。議員全員の意見ですから、本当に

多種多様な意見が集まります。すべてを反映するわけではないものの、市民の代表である議員からの意見を軽々に扱うわけにはいきません。

　また、総花的と批判する方から「基本計画に書いていないではないか」と相反するような批判を受けることもある世界です。こうしたことが積み重なり、ある程度総花的になるのは仕方がないのです。

　そこで「重点プロジェクト」のような形で3～5つ程度の施策を取り上げる手法もあります。社会経済情勢が厳しくなる見込みであることをふまえると、「あれもこれも」の総花的な計画から「選択と集中」の戦略的な行政運営への転換が当然求められます。幅広く網羅した中においても、「計画期間内にはこれを重点に行っていく」と示すのです。

▶▶▶ ときに「匂わせ」を

　最上位計画とはいえ、基本計画に記載がなければ新たな事業を行うことができないわけではありません。逆に記載があれば何を行ってもよいわけでもありません。ただし、最上位計画である以上、そこに拠り所があるに越したことはありません。そこで、策定時点ではそのものズバリはまだ公にできる状況にはなくとも、「匂わせ」のような表現で記載しておくこともテクニックの1つです。

　例えば、数十年動いていない都市計画道路の見直しを考えているとします。しかしながら、状況的に具体的に書くとハレーションが大きいような場合に「モビリティ・マネジメントを推進します」という一文を入れておきます。モビリティ・マネジメントは「過度に自動車に頼る状態」から「公共交通や徒歩を含めた多様な交通手段を適度に利用する状態」へと前向きな転換を促す一連の取組みのことです。都市計画道路の見直しを直接的に示す言葉ではありませんし、今後の持続可能まちづくりや地球温暖化対策を見越しても、公共交通を考える際に記載があっても何ら違和感のないワードです。

　また、比較的よくあるケースですが「民営化」「民間委託化」と書くと過敏に反応する人がいる一方で、「官民連携」「公民連携」「民間活力の導入」と書くと、何となくイメージが好転することがあります。

▶▶▶ 計画策定がゴールではない

　基本計画策定のメインは、主に施策の担当課です。企画政策担当は総合調整役であり、だからこそ、担当課に5年から10年程度の施策のビジョンをしっかりと持ってもらい、「**企画政策担当にやらされている**」のではなく、**自分事として考えてもらうことが最も重要なこと**です。総合計画は、計画策定がゴールになってしまっては意味がありません。自分たちが計画期間中にやりたいことをしっかりと書き込むことで、予算要求や人員要求にあたり、「**基本計画に記載がある**」ことをある意味「**印籠**」的に使ってもらうくらいの熱量で書いてもらいましょう。

　8-3で述べたとおり、基本計画まで議決を得る必要はないと考えています。議決を得るとなると、拘束力が強まるため、どうしても抽象度が高まっていきます。基本構想がある程度の抽象度をもって描かれるわけですが、基本計画までも抽象度が高まってしまうと三層構造の意味合いが薄まりかねません。実効性も弱まってしまいます。

▶▶▶ 各種個別計画との整合と連動

　総合計画が自治体の最上位計画である以上、その下に紐づく各分野の個別計画（例：地域福祉計画、環境基本計画、地域防災計画など）についても、整合と連動が求められます。しかしながら、改定時期、目標年度などはバラバラであることが多いです。

　東京都三鷹市は、20近い個別計画を新たな基本計画策定と同時に見直して期間を揃え、首長任期と連動させています。ここまでの労力をかけて整合を重視するかどうかは各自治体の判断ですが、この方式を取るのであれば、個別計画がある施策については詳細をそちらに譲ることができ、必然的に基本計画策定の労力が省力化されます。また、自らの個別計画が主体となるため、「企画政策担当にやらされている感」は激減するでしょう。

5 ◎…実施計画は
ローリングさせる

▶▶▶ ローリングで柔軟性を持たせる

　実施計画は、**基本計画に掲げる施策の目標を達成するための個別具体的な事業計画**です。大きく分けて「事業計画」と「財政計画」の2つで構成されます。

　3年計画であれば、財政計画において財政収支見通しを3か年分立て、その枠組みの中で基本構想・基本計画に掲げる施策ごとの事業計画を立てていきます。つまり、**各施策に対して期間中どれだけの財源をつぎ込み、どのような事業を行うのかを明らかにする計画**です。したがって、年度ごとの予算との結びつきが非常に強い性格を持つのが特徴です。また、毎年度ローリングするのが一般的です。

　ローリングとは、**社会経済情勢や財政状況の変化への対応、進捗状況の変化に応じて事業の見直しや立案、計画の修正などを行うこと**です。つまり、3年計画であれば、毎年度新たにその年度をスタートとした3年分の計画を作るということです。

　基本構想、基本計画は中長期の計画となりますが、実施計画を毎年度ローリングすることによって柔軟性を持たせ、臨機応変な対応が可能となります。

　実施計画については経常的予算ではなく、政策的予算として企画政策担当が査定し取りまとめる自治体が多いはずです。言うまでもなく自治体の予算は単年度予算であり、毎年度当初予算は議会の議決があって初めて執行できます。一方で、実施計画事業は向こう3年程度の事業と事業費（予算）を計上します。最終的には毎年度の予算に計上して議決を経ることになりますが、その前段の庁内調整で、ある意味約束手形的に

向こう３年間の事業採択が担保される形となります。もちろん、ローリングのため、予算の増減や急激な状況変化、財政状況悪化などによる延期や中止もありますが、新規事業を立ち上げたい原課は、まずはスタートラインとして、実施計画での採択を目指します。したがって、慎重な査定と検討のうえでの事業採択が求められます。

　実施計画でも目標や成果指標を設定している自治体もあるようですが、そこまでは必要ないと考えています。８－４で述べたとおり、数値目標の設定は大変難しい面が多く、負担が伴います。ただし、継続事業については、事務事業評価が必須です。

▶▶ 策定スケジュール

　基本構想・基本計画と違い、**実施計画は毎年度策定されるため、企画政策担当に配属された多くの職員が経験する業務**となります。１－２で述べたとおり、実施計画の策定作業が始まる夏頃から年明けにかけて、一気に忙しさが増していきます。スタートから策定までトータルで半年ほどかかるため、企画政策担当の業務の中ではそこそこなボリュームがあります。

　策定スケジュールは概ね以下のとおりです。

８月	実施計画策定方針の公表 → 各課からの事業提出
９～１０月	計画事業に対する各課ヒアリング、財政担当協議
１１月	理事者協議 → 中間集約
１２～１月	事業精査、各課調整
２月	計画決定 → 議会（予算特別委員会）に提出

　国立市の場合は、基本構想・基本計画との紐付けのほか、４－３で触れた「行政経営方針」で翌年度の施策ごとの方針を定めており、この中に実施計画の策定要領を含めています。11月頃に中間集約として事実上の内示を行い、最終的には３月の予算特別委員会に提出し、議題とし

て取り上げられます。

　企画政策担当の職員１人で２〜３部門程度を担当し、ヒアリングから査定、理事者協議の説明までを行います。理事者協議では担当部局の職員が同席する自治体もあるようですが、国立市は基本的に企画政策担当が説明を行います。その事業を採択する理由、不採択とする理由までも責任を持って説明する必要があります。したがって、担当する部門とは日頃から密にコミュニケーションを取り、業務を熟知したうえで、俯瞰的な視点で現状と課題についても把握しておく必要があります。

▶▶ 査定のポイント

　まず、基本構想－基本計画－実施計画という三層構造の流れにあることが前提となります。事業査定のポイントは、４－６を参照していただくほか、優先的に取り上げる事業としては、国立市のように行政経営方針を策定している自治体であればその重点施策事業やその時々の旬のトピック（昨今でいえば新型コロナウイルス対応）などです。

　原課からの要求事業については、２－４で述べたとおり、積極的に現場に出向いて確認していきましょう。自分の目でしっかりと現場を確かめたうえでなければ、財政担当や百戦錬磨の理事者たちを相手にその事業の必要性、有効性を語ることはできません。

　残念ながら事業が不採択となった際に、原課に結果を伝えることはなかなか辛い仕事になります。皆さん自身が不採択にした場合には、丁寧にその理由を伝えて、**感情的なしこりを残さず原課の理解を得る**よう努めてください。これも４－６で述べましたが、原課は行政サービスの向上、住民福祉の向上のために予算を上げてきます。一方で、皆さんが査定において不採択とすることも、全体を俯瞰的に見たうえでの最善の判断のはずです。**一見相反するように見えても、お互いがお互いの責任のもとに、将来を見据えた市民のための仕事をしている**ことに変わりはありません。そのことを忘れないでください。

　財政担当との調整や理事者協議で不採択とされた場合には、経過を丁寧に説明し、原課の理解に努め、来年度のリベンジを目指します。

◎…「首長マニフェスト」「デジ田」「SDGs」との関係

▶▶▶ 「首長マニフェスト」を盛り込むならスピード感が必要

2003年の統一地方選以降、首長選挙において、ローカルマニフェスト（選挙公約）が急速に広まっていきました。

選挙を経て選ばれる首長のマニフェストを取り入れた基本計画を策定することは、1つの民意の反映です。その際に首長が進めようとする政策と現行の基本計画との間に齟齬がある場合は、その取扱いに苦慮することとなります。したがって、首長のマニフェストを基本計画に積極的に取り入れるとすれば、8－2で触れたように計画期間を首長任期に合わせて4の倍数に設定し、改訂していくのが合理的です。

ただし、この場合、策定にあまり時間をかけられないことが課題です。首長就任直後から策定作業を開始しても、策定に2年かけてしまうと、できた頃には任期折り返しになってしまいます。したがって、タイトなスケジュールにはなりますが、1年程度で新首長のマニフェストを反映させた計画を策定することが求められます。よって、そのスケジュールとの見合いで、計画期間を4の倍数にしたうえで基本計画をマニフェストに対応した形で改訂するかどうかを判断することになります。

一方で、基本計画に盛り込まず、基本計画とは別途でマニフェストの進行管理を「首長マニフェストの進捗状況」「首長マニフェストのロードマップ」といった形で取りまとめ、公表している自治体もあります。

▶▶▶ 基本計画と「デジ田」総合戦略を兼ねる

「デジタル田園都市国家構想」（以降、「デジ田」）については、その経

緯と概要を知識として知っておく必要があります。端的に言えば**「地方創生」**の新しい旗印が**「デジ田」**であり、デジタルというツールを使って**「地方創生」**を進めていこうというのが国の意図です。経緯を簡単におさらいしておきましょう。

2014 年 5 月	増田レポート発表「消滅可能性都市」
2014 年 11 月	まち・ひと・しごと創生法施行
	人口ビジョン、総合戦略
2019 年 12 月	第 2 期まち・ひと・しごと創生総合戦略
	—新型コロナウイルス感染症蔓延—
2020 年 12 月	第 2 期まち・ひと・しごと創生総合戦略（2020 改訂版）
	「感染症が拡大しない地域づくり」
2021 年 6 月	デジタル田園都市国家構想

　2014 年にいわゆる「増田レポート」が発表され、2040 年までに全国の自治体の約半数が消滅する可能性があるとされました。人口減少対策には次世代の子どもを産む20 ～ 39 歳の女性人口が重要だとされ、2040年までに若い女性が 5 割以下に減るとされる 896 自治体が「消滅可能性都市」としてリスト化されました。

　これを受けて国は「まち・ひと・しごと創生法」を制定し、以下の 3 つを目的として、「人口ビジョン」と「地方版総合戦略」を作った自治体に対して国から交付金を交付するとしたのです。

(1)「東京一極集中」を是正する

(2) 若い世代の就労・結婚・子育ての希望を実現する

(3) 地域の特性に即して地域課題を解決する

　「人口ビジョン」とは、その自治体における人口の現状分析を行い、今後目指すべき将来の方向と人口の将来展望を示すものですが、多くの自治体が希望的観測で作らざるを得ない実効性に乏しいものになっています。

　その人口ビジョンを実現していくための戦略が**「地方版総合戦略」**です。これらは努力義務なので作らなくてもよいのですが、**作らないこと**

で交付金をもらえないことを批判されることを恐れ、多くの自治体が作成しました。特に初期の総合戦略は「東京一極集中の是正」が掲げられ、東京の自治体の戸惑いは大きいものでした。国立市でも策定するかどうかの議論はありましたが、最終的には基本計画から国の求める「地方創生」に合致する部分を抜き取るような形で策定し、交付金を獲得しにいきました。このときに求められたのが「ストーリー」（3 – 5参照）でした。

　一方、基本計画と異なるのは、市民と「産官学金労言士」、つまり産業界・関係行政機関・教育機関・金融機関・労働団体・メディア・士業の参画が求められることです。市民とこれらの方々で構成される推進組織の意見反映等が求められるのです。国立市では「まち・ひと・しごと創生懇話会」という名称で会議体を持っています。附属機関ではないため、「懇話会」です。当初は「士」は入っていなかったため（あとからシレっと加えられました）、士業の方は参加していません。年に一度、総合戦略の進捗を報告し意見をもらい、その意見については議会にも報告（決算特別委員会に資料を提出）しています。

　結果として、**基本計画・地方版総合戦略と似たような計画が２本並び立つ形となったのです。**当初は、総合計画とは別に作る必要がありましたが、その後、一定の要件を満たせば兼ねることが可能とされました。

　岸田政権になって「デジ田」が突如湧き上がり、「地方版総合戦略」は「デジタル田園都市国家構想総合戦略」へ置き換わりました。「田園都市」とはもともと1898年にイギリスのハワードが大都市の過密への対応として、都市と農村の魅力を併せもつ「田園都市」を提唱したことが始まりです。日本では1918年に渋沢栄一が田園調布を開発しています。その後、1970年代後半に大平政権で田園都市国家構想が提唱されました。大平首相は岸田首相の派閥であった宏池会の会長を務めていたことから、岸田政権でこの「デジ田」が出てきたと言われています。

　地方版総合戦略は、人口増につながる施策を前面に出すつくりとなっていましたが、「**デジ田**」総合戦略は文字通りデジタルを前面に出す計画です。総合計画等と「デジ田」総合戦略を一体的に策定する要件については国の手引きにおいて、以下を満たせば「**総合計画等と地方版総合**

戦略を一つのものとして策定することが可能」であるとされています。

---

①総合計画等が、デジタルの力を活用した地方創生という目的が明確で
あること
②目標や重要業績評価指標が設定されるなど、総合戦略としての内容を
備えていること

言うまでもなく、別々に作るのではなく兼ねるほうが合理的です。今後も政権が交代するたびに新たな「○○総合戦略」へと名称が変わるかもしれませんが、総合戦略と総合計画は性質が類似していることから事務的にも兼ねる形で一本化することが望ましいでしょう。

▶▶ 自治体の政策は「SDGs」そのもの

SDGs の取扱いについて悩んでいる自治体も多いでしょう。完全な私見ですが、企画政策担当が積極的に立案して動いていく必要はないと考えています。なぜなら、この SDGs の概念が出てくる遥か以前から行政の活動はすべて SDGs につながっているからです。

例えば、低所得者対策はそのまま、SDGs17 の目標でいう「1 貧困をなくそう」ですし、女性活躍推進は「5 ジェンダー平等を実現しよう」です。また、地球温暖化対策は「7 エネルギーをみんなにそしてクリーンに」「13 気候変動に具体的な対策を」「14 海の豊かさを守ろう」「15 陸の豊かさも守ろう」に関係してきます。これらすべて SDGs に関わらず取り組まなければならないものであり、そもそもこれまでも取り組んできているものです。したがって、さも「これまで取り組んできていないので、積極的に取り組みます」という姿勢には非常に違和感があります。

これは決して SDGs を軽んじているわけではなく「もともと自治体がこれまで行ってきた政策は SDGs そのものだ」といった認識なのです。自治体が自らの取組みを SDGs としてアピールするのではなく、企業や市民に対して行動を促すことにこそ意味があると考えています。

したがって、ここについては皆さんの自治体がどういうスタンスで
SDGsと向き合っているのか次第になります。首長の意向や議会の多数
派からの要請で全面的に打ち出してやっていかなければならないようで
あれば、「未来都市」認定を目指して、交付金を獲得するべく進める必
要があります。そこまでの熱量がないのであれば、先述のとおり「自治
体がこれまで行ってきた政策はSDGsそのものである」と胸を張ってこ
れまでどおりの行政運営を行いながら、それにSDGsを紐づけておけば
良いのです。総合計画においてもSDGsとの対応を示した図を挿入する、
施策に関連するアイコンを張り付けることで事足ります。

　一方で、SDGsは企業活動にとっては大きな変化をもたらしています。
営利だけではなく、地球環境にやさしい企業活動、人権の尊重、ESG
投資（企業のEnvironment（環境）・Social（社会）・Governance（ガ
バナンス）の取組みを評価して投資すること）の流れからも無視できな
い存在になっています。

　例えば、東京都は「**東京都社会的責任調達指針**」を策定し、入札に参
加する民間企業等に対してSDGsに基づく環境配慮や人権擁護の取組み
などを求めていこうとしています。こうしたものはこれまで自治体が取
り組んでいなかった新たな視点と言えます。このような企業への働きか
けを通じ、企業活動がこれまでになかったSDGsの視点を持って企業活
動に取り組んでもらうことが、結果的に住民福祉向上へとつながるので
す。

　また、学校教育でも積極的にSDGsに関する教育が展開されているこ
とで、子どもたちは大人よりもSDGsの知識を持っていたりします。こ
れは好機です。行政運営やまちづくりにおいて、市民との協働や市民の
理解が必要なことは自明の理です。その中で「**SDGsへの貢献**」を打ち
出すことで市民の理解を得やすくなるのです。自治体がこれまでやって
いた取組みであっても「これはSDGsの目標○番の取組みです」とアナ
ウンスするだけでも市民の意識が変わってきます。このような市民協働
を進める際にはSDGsは大変有効なツールとなります。

8|7 ◎…策定体制の決定と「失敗しない」コンサル選び

▶▶ なるべく多くの職員を巻き込む庁内体制

　総合計画の策定は数年に1度です。企画政策担当としてはもちろん、全庁的にも数年に1度の貴重な機会。なるべく多くの職員が関わることができる策定体制を組みましょう。**「企画政策担当がやっていること。自分は関係ない」**という職員を1人でも少なくするためでもあります。

　以下に国立市の例を紹介しますが、複数の会議体を同時並行で回していくことになります。4-4や6-2を参考にうまく進めていきましょう。

①基本構想審議委員会

　市長からの諮問に応じて、基本構想に関する必要な事項を調査・審議し、その結果を答申してもらう附属機関です。構成は学識経験者8名、市民7名の計15名です。かつては学識経験者5名、市民5名に議員が5名の15名でしたが、附属機関の構成員に議員を加えることについて行政実例において「違法ではないが適当でない」（昭和28年1月21日）とされていることもふまえ、議員枠をなくすこととなりました。

　議員5名が抜けるため、学識経験者を10名に増やす、あるいはそのまま5名・5名で10名に減らす選択肢もありました。しかしながら検討の結果、市民参加をより拡大する観点から学識経験者8名、市民7名としました。学識経験者8名の内訳ですが、行政学を専門とする大学教授などの研究者が2名、教育委員会、社会福祉協議会、商工会から1名ずつ推薦をお願いしました。その他、文化スポーツ・都市計画・経済といった分野から1人ずつを選定しました。

　市民委員については、1,200字の小論文を課して公募しました。市民

ワークショップに出てもらった方にもお声がけをし、引き続き参加してもらった方もいました（審議会の運営については9-1参照）。

②基本構想検討委員会

　基本構想の策定に関し、必要な事項を調査・検討し、その結果を市長に報告することを目的に、副市長、教育長及び部長職の職員で構成します。事実上、副市長以下の庁議メンバー（部長層）になります。

　基本構想は10年～20年に1度しか作らないことを考えれば、大きく仕組みを変える議論をするのはここしかありません。課題の整理の他に、これまで通り3層で行くのかあるいは2層にするのか、計画期間をどうするのかを議論します。また、首長マニフェストやSDGs、総合戦略についての扱いなども議論し、策定方針を決めます。また、③の企画会議から上がってくる案を議論する場でもあります。

③基本計画企画会議

　基本計画の策定に関し、必要な事項を調査・検討し、その結果を市長に報告することを目的に、副市長、部課長職の職員、各部推薦職員で構成します。②の下部組織的な意味合いであるとともに、**実質的な庁内における策定作業の根幹となる会議体**です。
・第1分科会（子育て・教育、生涯学習・文化・スポーツ）
・第2分科会（保健・福祉）
・第3分科会（都市基盤）
・第4分科会（環境、産業）
・第5分科会（地域・安全、自治体経営）
　以上5つの分科会を設け、施策の原案を作成していきます。部長層がリーダーを務めますが、施策の担当課長に責任を持って中心的役割を務めてもらいます。

　各部推薦職員は、若手を中心に将来の国立市を担っていくような人材を指名してもらいました。実際にその後、管理職に昇格している職員も少なくありません。

市民参加

フォーラム・基本計画タウンミーティング・パブリックコメント

意見・反映

基本構想審議委員会

諮問・答申

基本構想

意見・反映

中学生
「未来のくにたち」作文

市民ワークショップ

団体懇談会

地域懇談会

学生懇談会

市政世論調査

庁内

基本構想検討委員会

意見・反映

意見・反映

意見・反映

「20年後のくにたち」
検討プロジェクトチーム

意見・反映

意見・反映

基本計画企画会議

意見・反映

基本計画

提案・議決

原案
指示
修正

市長

議会

説明・報告
意見・反映

フォーラム・基本計画タウンミーティング・パブリックコメント

④ 「20 年後のくにたち」検討プロジェクトチーム

　3 – 3 で少し触れましたが、総合計画の策定に先立って立ち上げられたプロジェクトチームです。**市政を取り巻く諸課題への対応から、都市間競争を勝ち抜くための新たな中長期的まちづくりビジョンを作るためのチーム**です。当時 40 歳以下の若手・中堅職員 15 名で「20 年後のくにたち」ビジョンを検討しました。

▶▶ コンサルを上手に選んで活用する

　全体としてはかなりの作業量になるため、コンサルティング会社に支援を委託する自治体も多いと思います。どこの会社にお願いするか、会社の中でも「誰」にお願いするのかで大きく変わってくることがありま

す。

　そこで、3 - 6で述べたネットワークを使って近隣自治体にリサーチ
を行います。どこのコンサルが入っていて、実際一緒に仕事をしてみて
どうだったかを尋ねてみましょう。個々の担当者についても「Ａさんは
レスポンスが早くて、視点も鋭い」「Ｂさんはちょっと……」といった
具体的な情報が得られることもあります。最近では SNS やブログで情
報を発信しているコンサルタントも多く、考え方や論考などを確認して
おくことも大切です。プロポーザルを行う際に声掛けをする参考にする
のです。

　管理職になってからの話ですが、プロポーザル審査におけるプレゼン
テーションの質疑時間に「御社には○○さんという優秀な方がおられる
と思いますが、もし御社にお願いすることになった際には、ぜひ関わっ
てもらいたいのですが」とズバリ個人名を出して要望したことがありま
す。そのときの上席の方の困ったような顔が忘れられません。審査の結
果、その会社に依頼することが決まり、実際に関わってもらいながら、
さまざまな示唆をいただきました。

　プロポーザルで事業者を選定する際には、**プロポーザルはそもそも企
画提案を重視する方法のため、価格点の配点は最小限**にします。配点は
せず、同点だった際の判断基準にする程度でもよいでしょう。

　業務実績については、同種の業務実績がまったくないのも不安になり
ますが、多すぎても大量のコピーが生まれている可能性があります。名
前を変えただけでどこの自治体でも通ずるような中身の物が出来上がっ
てしまう恐れもあります。また、同時に案件を多く抱えていると、片手
間で仕事をされてしまうこともあるので注意が必要です。

　また、事業者決定前にプロポーザルの仕様書を作ってもらうことや、
決定後も原案を丸投げして作ってもらうようなことはもってのほかで
す。

　あくまでも自分たちが主体で、**自分たちが「できない」専門的なこと
をやってもらうことや、自分たちが持ち得ない専門的知見を享受しても
らうことが目的**です。委託内容の一例としては、「人口・社会経済フレー
ムの予測」「世論調査・意識調査の分析」「計画書のデザイン」などが挙

げられます。施策の中身にどれだけ関与してもらうのかは、十分に内部で検討をしてください。インターネットで検索すれば、いくつかの自治体のプロポーザルの仕様書を見ることができます。

　現状の課題や解決の方向性までを提案してもらう内容の仕様書を見たことがありますが、正直そこまでを委託してしまうと誰が作った計画なのかわからなくなります。お金を積んで多くのことを委託するのは楽に決まっていますが、それでは職員の政策立案能力も退化する一方です。全体調整や進行管理など、あくまでも主体は自分たちであることを忘れないでください。提案もそれを丸呑みするのではなく、吟味するようにしましょう。

　また、先に述べた数ある会議体の運営補助をお願いするのはよいのですが、**会議の場で資料の説明をコンサルにさせるのは NG** です。

　かつて住んでいた自治体で、とある計画の説明会に興味があって１人の市民として参加したことがあります。その際、「では、計画案の説明はコンサルを委託しております株式会社○○より、ご説明申し上げます」との司会の言葉に耳を疑いました。

　説明会のメインともいえる部分を職員ではなく、コンサルにさせているのです。これには市民として「我が街の役所が作った計画案」ではなくて「どこぞのコンサルが作った計画案」という印象を持ちましたし、「大丈夫か？」と心配になりました。また、このやり方をすると「熱意」が担当者からまったく感じられないのです。

　そんな想いを抱いたのは私だけではなかったようで、その後の質疑応答の時間で「資料の説明は職員がやらないと、他人事のように感じる」と意見を述べている市民がいました。繰り返しますが、あくまでも主体は自分たちであることを忘れないでください。

市民参加の手法

◎…「審議会」運営は「懇談会」との違いを押さえる

▶▶「審議会」と「懇談会」は大違い

　自治体には、「○○審議会」や「○○懇談会」といった会議体が複数あります。これら会議体の庁内全体の取りまとめは、企画政策担当が担うことがよくあります。また、企画政策担当が所管する会議体もあります。

　「審議会」「懇談会」、どちらも学識経験者や各種団体の代表、公募市民などからなる会議体です。両方とも政策や事業に関する専門的な知識や市民意見の反映などを目的としているのですが、両者には実は大きな違いがあるということをまず押さえておく必要があります。

　かつては、両者の区分が曖昧で同じような運用をする自治体が多かったものの、平成20年代前半から行政訴訟になるケースが相次ぎました。

　本来は「審議会」で取り扱うべきテーマを「懇談会」で行ったことが地方自治法に違反するとされたケースや、「懇談会」と銘打ってはいるものの、附属機関と同じプロセスを踏んでいることから、実態としては「審議会」であり同様に法に反するとされたケース。実態として「審議会」である会議体の委員に対して「謝礼」を出していることは違法であるといったケースなどです。

　こうした行政訴訟が各地で提起されたことに伴い、自治体側は「審議会」と「懇談会」をしっかりと整理し、正しく運用する必要に迫られました。運営にあたり、まずここを正しく理解して臨む必要があります。

▶▶審議会は「法律又は条例設置の附属機関」、懇談会は要綱設置

　まず「審議会」については地方自治法第138条の4第3項に、

> 　普通地方公共団体は、法律又は条例の定めるところにより、執行機関の附属機関として自治紛争処理委員、審査会、審議会、調査会その他の調停、審査、諮問又は調査のための機関を置くことができる。ただし、政令で定める執行機関については、この限りでない。

　と定められています。ここでいう執行機関とは、首長や行政委員会のことです。「**審議会**」は「**法律又は条例によって定められた附属機関**」であり「**調停、審査、諮問又は調査のための機関**」であるということが**重要なポイント**です。
　一方で、「懇談会」については、国立市の場合は「国立市附属機関等の設置及び運営に関する要綱」第2条第2項において、

> 　「懇談会等」とは、法律又は条例に基づかず、専門知識の導入、利害の調整、市政に対する市民意思の反映等を目的として、要綱等により設置するものをいう。

　と定めており、あくまで要綱で設置されるものです。同じような会議体ではあるものの、**法令や条例によって規定されているのが「附属機関」**で、**法令や条例に規定されない「懇談会」は要綱設置**であることを押さえておいてください。
　そして、「附属機関」の役割は同じく法令や条例によって「調停、審査、諮問又は調査のための機関」と定められていることも押さえておいてください。逆説的に、**要綱設置である「懇談会」は「調停、審査、諮問又は調査」を行うことができない**のです。したがって、設置要綱において役割を規定する際にもこれらのワードは使用できません。
　条例と要綱と設置根拠が分かれていることに伴い、委員に対するお金の支払い根拠も異なります。審議会などの附属機関の委員は非常勤特別職公務員となるため、条例に定めのある額の「報酬」を支払います。予算科目は「報酬」です。新たに審議会を条例設置する際には、必ず条例

に報酬額を明示し、支払い根拠を明確にしておく必要があります。

　一方で、懇談会委員などは要綱設置のため、お金を支払う場合には「報酬」ではなく、役務の提供に対する対価を「報償費」の中から「謝礼」として支払います。自治体によっては「謝礼」はなしで費用弁償としての「交通費」の支給のみであったり、「謝礼」と「交通費」の両方を支出したりとさまざまです。金額としては、その職責の重さから当然に、報酬＞謝礼となります。

▶▶▶「諮問」⇒「答申」スタイルが取れるのは附属機関だけ

　「審議会」といえば、まず初回の会議で首長がにぎにぎしく「諮問書」を読み上げて会長に手渡し、最後は逆に会長から首長に「答申書」が返されるイメージがあるかと思います。行政からの「諮問」に応じ、審議会の総意として、行政に対し「答申」として返すわけです。この「諮問」⇒「答申」のスタイルを取ることができるのは「審議会」等の「附属機関」だけです。

　「懇談会」等についてはこの「諮問」⇒「答申」のスタイルを取ることができません。文書をまとめるとしても、会としての意見集約ではなく、委員各位の意見表明として「報告書」や「提言書」を提出することになります。「懇談会」が事実上「審議会」と誤解されないようにするためです。「答申書」の名称を用いることはできません。

▶▶ 答申の重み

　基本的に附属機関が出した結論は尊重すべきものです。したがって、最初の段階でどのような内容で諮問するのかを内部でしっかりと議論したうえで臨む必要があります。

　例えば、「家庭ごみの有料化」や「公立保育園の民営化」のような比較的賛否が分かれ、かつ政治的な問題も絡むセンシティブな課題について、**その賛否までを完全に委ねてしまうような諮問は好ましくありません**。なぜなら、こうした賛否が分かれるような課題については、最終的

にその審議会内の多数決の問題になってしまうからです。

　もちろん、行政として政治的にもどうしても結論が出せないので、「審議会から推進（反対）の答申を受け、答申を尊重しその方向で進める」としてしまうこともあるかもしれません。しかしながら、**多くの場合はある程度行政側が意思を持っていて、ある種の「お墨付き」をもらいたい意向で審議会を設置する**はずです。このような場合には、行政の意思を固めたうえで「家庭ごみ有料化の手法について」や「公立保育園民営化の手法について」というように、意思決定は行政が行ったうえで「手法」について諮問する形にすべきです。

　このようなケースに限らず、**「尊重できる範囲内」**での諮問を行うべきであり、判断を丸投げするような形で諮問をした場合には、実行困難な答申が出てきたときに対処できなくなってしまいます。また、答申を尊重せず、答申と違う形で政策を進めたり無視したりするような形になると、審議会との信頼関係が損なわれ、信義則が問われてしまいます。首長の政治問題にもつながりかねません。

　しかしながら、だからといって**事務局が結論を露骨に誘導していくようなことは禁物**です。行政の思惑に沿った資料ばかり出す、委員に個別にコンタクトを取って行政寄りの発言をしてもらうといったことを行ってはなりません。このようなことを行ってしまうと附属機関や行政への信頼を歪めてしまう結果となってしまいます。

▶▶▶ 入念な準備が円滑な審議を生む

　さて、実際の審議会運営には入念な準備が必要になります。特に重要なのは資料の作成です。会議に出す資料は事前に会長に確認し、打ち合わせを行って了承を得ておきます。

　審議会は生き物です。当日は各分野から特色のある委員が集まり、さまざまな発言が出ます。事務局が予期していない発言や質疑が出ることも多く、会長の議論のさばきが非常に重要になります。

　そのため、事前に資料を確認してもらい、その日の議論の流れをイメージしてもらうことが必要になります。そして、事務局は資料の内容に関

する質疑に備えて想定問答を作っておきます。この場合の想定問答は、会議の場で「行政の見解」を問われたりした場合に、主に事務局の管理職が答えるためのものです。すでに述べたとおり、結論を露骨に誘導することは許されませんが、行政の見解を問われた際に「意見を述べる」ことはできます。このときに、**行政としてはどう考えているのか、どうしたいのかを委員の方々にしっかりと理解してもらうことが非常に重要**なのです。

　また、会議当日は、以下のような会長用のシナリオ（読み原稿）を用意しておきます。

定刻となりましたので、第○回○○審議会を開催いたします。まず事務局から資料の確認をお願いします――
⇒　事務局から資料確認

それでは本日の議題「○○○○」について、事務局から資料の説明をお願いします――
⇒　事務局から資料説明

説明が終わりました。ご意見ご質問を承ります――
⇒　○時頃をめどにまとめをお願いします

それでは本日の議題は以上としまして、事務局から次回の予定をお願いします――
⇒　事務局から次回の日程について説明

以上を持ちまして第○回○○審議会を終了いたします。お疲れ様でした。

▶▶ 日程調整で重視すべきポイント

　審議会運営で意外なほど苦労するのが日程調整です。多忙な委員各位の空いている日程が全員一致することはほとんどありません。また、会場の空いている日程などとの調整もあります。日程調整の際は、まず当

然ながら会長、副会長の日程を最優先とし、他の委員に日程調整を図る前に2人がそろって出席できる日を複数ピックアップしておきます。そのうえで、各委員に日程調整を行い、最も人数が集まる日を開催日とするのが定石です。

ただし、例えばAという分野の議題を取り上げる際に、その分野に詳しいB委員が出席できない日程を組んでしまうのは全体の利益になりません。そのような場合には、**会長・副会長の次に優先すべきは出席可能人数の多さよりもB委員の日程**です。B委員が出席できる日を開催日とします。この場合、各委員に出すお知らせには「日程調整の結果、○月○日を次回の開催日とします。ご都合が合わない委員におかれましては、申し訳ありませんがご了承願います」とだけお伝えすれば事足ります。詳しい事情までお知らせする必要はありません。

▶▶ 答申書・報告書は事実上事務局が書く

数回の会議を経て、答申書が審議会の会長名で出てくることになりますが、ほとんどの場合、実際に答申書の中身をまとめているのは事務局である担当課職員です。これはある意味当然のことで、審議会の会長ともなれば多くの場合、大変多忙な学識経験者です。そんな方が多くの議論をまとめた長文を執筆してくださることは非常に稀です。私自身も公務員人生でさまざまな審議会に関わってきましたが、会長自ら原稿を作成してくださったケースはほとんどありません。

したがって、**審議会での議論をもとに叩き台を事務局が作成し、会長や副会長の意見を聞きながら取りまとめる**ことになります。あるいはもう少し裾野を広げ、会長・副会長プラス数人の委員による起草委員会を作り、意見を聞きながら校正していくパターンがほとんどです。

当然ながら審議会の公平性・透明性を担保していくため、審議会で議論されていない事務局の意向をこの段階で入れ込むようなことは行ってはいけません。

▶▶ 答申ができたら首長との会合の場を設ける

　答申が完成したら、会長から首長に手交してもらう場をセッティングします。写真撮影をし、ホームページや広報紙に答申書（非公開の場合を除く）とともに広く公開します。そうした「儀式」だけではなく、首長と委員との懇談の場を設け、そこで委員から思いなどを伝えてもらいます。首長にも委員の思いが直接伝わりますし、携わってくださった委員の方々としても満足感が湧いてきます。行政に関心を持つ市民を増やすことは必要なことです。「委員をやってよかった」と思っていただくためにも、このような場を設けていきましょう。

　一方、「懇談会」等の報告書や提案書は必ずしも首長に提出することは要しません。これも**実質的な「審議会」との誤解を招かない**ためです。それらは担当課において参考とすべきものです。

9│2 ◎…失敗しないための審議会委員選び

▶▶ 審議会の「顔」である会長から選ぶ

　審議会運営では、会長候補者の選定が重要です。

　多くの場合、審議会等の設置条例では「会長は委員の互選によってこれを定め」などと規定されていますが、さすがに会議当日初めて顔を合わせたメンバーで段取りもなしに決めることはありえません。事務局が会長候補者を選定をしておき、当日は誰か他の委員に事前に「『○○さんを推薦します』と一声お願いします」と依頼しておくものです。こうした流れはある種の儀式ですが、**その場にいる誰もが暗黙の了解と認識**しています。突然、他の委員が立候補するような事態は通常想定されていませんし、万が一そのような事態となれば先行きが不安な審議会となってしまいます。

　そこで、誰に会長をお願いするのかが非常に重要です。会長は審議会の顔であり、他の委員から異論が出るような人に任せるわけにはいきません。多くの場合、学識経験者にお願いする形になります。

　一方で首長が「この人に」という考えを持っていたり、すでに水面下で接触していたりすることもあるため、確認が必要です。

　「任せる」と言われた場合には、審議会の設置目的に照らし合わせて、研究実績や他自治体での委員実績、過去の発言などを参考にインターネット等で調べます。特に会長については、円滑な審議のためにも**他の委員から一目置かれる存在の方が望ましい**でしょう。例えば、過去に近隣自治体での委員就任実績があるような際は、その自治体に連絡をしてその方の様子を聞いてみましょう。

▶▶ 候補者が決まったら、まず先に首長の確認を取る

　審議会はあくまでも「首長の附属機関」です。会長人事に限らず、人選を「任せる」と言われたとしても、候補者本人にあたる前に必ず首長に「この方を考えているのですが」と確認しておきましょう。

　事務方が「大丈夫だろう」と思っていても、あくまでも任命権者は首長です。**事務方の知らない過去の因縁などにより「この人はダメだ」と言われるケース**もあります。先にお声がけしてしまっていたような場合には、その方に平謝りするしかなく、大変失礼な結果となりかねません。「首長から『ダメだ』と言われました」と正直に言うわけにもいかず、大変苦しい状況に追い込まれてしまいます。

　首長から無事に OK が出たら、アポイントを取っていきましょう。まずは相手の都合で読んで返信ができるメールでの依頼を推奨します。参考までに学識委員に対する依頼文のテンプレートを記します。

　○○大学○○学部 ○○研究室　御中
　ご担当者様

　　突然のメールにて失礼いたします。○○市○○部○○課○○係の○○
　と申します。HP を拝見いたしましてご連絡させていただきました。
　　当市では現在、○○○○○○の策定を進めておりますが、このたび、
　○○先生に○○市○○○○○○審議会の委員長にご就任いただきたく、
　ご連絡させていただいた次第です。
　　大変お忙しい先生でいらっしゃることは承知しておりますが、これま
　でのご功績と近隣の○○市など他自治体でのご経験から是非とも先生に
　お願いしたいと考えております。
　　当審議会につきましては、来年4月下旬～5月上旬に第1回目を予定し、
　以降、月1回程度の開催で全8回を予定しております。その他に3回程
　度の起草委員会にもご出席賜りたいと考えております。報酬は○○市非
　常勤特別職職員の報酬および費用弁償に関する条例に基づきまして薄謝
　で恐縮ではございますが日額○○○○円とさせていただいております。
　　その他諸々につきましては、先生に直接ご連絡をさせていただきお話

しさせていただきたく、お取次ぎいただければ幸甚に存じます。どうぞ
よろしくお願いいたします。

さて、地方自治の世界も比較的狭い世界です。人気の先生はすでにあ
ちこちでさまざまな役職に就いており、多忙を理由に断られることもあ
ります。その際には、すんなり引き下がるのではなく「できれば、どな
たか代わりにご紹介いただけませんか」と聞いてみるのも一つの手です。
「そういうことなら……」と次につながる場合もあります。

▶▶▶ 副会長は会長との兼ね合いも考慮する

会長候補者が決まれば、続いて副会長候補を選んでいきましょう。

一般的に、設置根拠となる条文で「副会長は委員のうちから会長が指
名する」または「委員の互選により定める」のどちらかで定められてい
ます。いずれにしてもよくあるのが、**会長候補者が自分の右腕として気
心知れた方を副会長として置こうとするケース**です。会長からすれば議
論がうまく進展しないときなどに、自分と意を同じくする副会長がいれ
ば心強いことは想像に難くありません。したがって、会長候補者からこ
うした意向が伝えられれば、それに従うのがスムーズな審議会運営につ
ながると見てよいでしょう。

特に会長候補者の意向がないようであれば、事務局で人選を行います
が、やはり会長とつながりがない方を選ぶとしても過去の発言や論文等
を検索し、**会長と近い考え方を持った方を選ぶことが望ましい**でしょう。
対立する理論を持った方同士を正副会長に選ぶわけにはいかないので
す。

また、会長候補者同様に学識経験者を充てる場合、考えなければなら
ないのは**「研究者としての格」**です。当然ながら会長候補者よりも格上
の研究者を副会長に選ぶわけにはいきません。仮に受諾してもらったと
しても、会長のほうが委縮してしまいます。研究者としての格が判断つ
かないような場合には、年齢が下の方を探すか、わかりやすく准教授ク
ラスの方を探しましょう。比較的若手の研究者を人選すると「あまり知

らない先生だが大丈夫か？」と懸念が寄せられることがありますが、「新進気鋭の若手研究者です。今コネクションを持っておくと、この先きっと役に立ちます」と説得していきましょう。

▶▶▶ 身の丈に合った会長を

　話を会長の人選に戻します。ある審議会の会長に迎えた先生が、複数の国の審議会委員を務め、会長経験もある大物でした。自治体の審議会委員は初めてとのことでしたが、知識も当然豊富であり、会議のさばき方も見事でした。一方で、常に国の審議会運営と比較されていました。

　答申書案作成の少し手前段階での会議前のことです。それまでの審議で論点が出尽くした感があったため、やや中身の薄い資料で、フリートークのような議論をしようとしました。これが事前の打ち合わせで会長の逆鱗に触れてしまったのです。

　「こんな手抜きの資料で審議会を開催するつもりなの？　会議資料は公開されるんだよね。国の審議会ではこんな資料で会議をやることはないよ。この程度の資料でやる会議に僕が会長でいる必要ある？」

　会長を降りてもいいんだぞと言わんばかりの剣幕に、生きた心地がしませんでした。とりあえず平謝りし、急いで資料を修正して、どうにか事なきを得ましたが、国の委員等も務めている会長からすると、実態として意味があるかどうかではなく、格式としての審議会資料の充実が議論に必要であり、対外的にも説得力を増すというお考えのようでした。

　審議会から出た答申をもとに市の施策は大きく前進しました。1つの歴史を築いたとも言える審議会であり、事務局であった我々は大きな充実感を得たものの、一方では神経をかなりすり減らされました。

　国と自治体、両方の審議会委員の経験があれば、仕事の進め方や資料の作り方などの違いも把握しているものの、初めて自治体の委員を務める場合、基礎にあるのは国の審議会運営です。したがって、そこと比べられてしまうのはなかなか厳しいものがあります。大きな成果を生むことにもつながりますが、身の丈に合った会長を選ばないと、事務局側にも大きな負担が伴うため、覚悟しておきましょう。

◎…審議会委員の市民公募は慎重に

▶▶ 市民公募委員は必ずしも多数派市民代表ではない

　審議会委員に市民公募枠を設けている自治体もよくあります。

　行政の施策に市民の意見を取り入れることは重要なことですが、その審議会に市民公募枠が本当に必要かどうかは吟味が必要です。何でもかんでも市民公募枠を設ける必要はありません。

　ときに学識経験者枠でもいいような経歴の方が応募してこられ、驚くことがあります。しかしながら市民公募委員に求めているのは、専門的な見地に立った意見や独自の主張、理論ではなく、**テーマに直接関係する地域で暮らしている生活者（市民）としての視点や声**です。

　また、大前提として附属機関等の**市民公募委員**は、**民主主義最大のプロセスである選挙で選ばれた市民代表の議員とはまったく異なる**という点を押さえておく必要があります。議員の中にも「多くの市民委員を入れて意見を聞くべし」論を唱える方もいますが、**真の市民代表は選挙を経た議員自身**です。議員は選挙において、いわば「多数派」を形成しています。

　一方で、市民公募委員の主張は多数意見を反映しているわけではありません。**あくまでも、そうした意見を持つ一市民であり、多数派とは限らない**のです。市民の意見を聞くことは、政策決定において重要かつ必要なプロセスですが、市民公募委員を大人数揃える必要はありません。市民の意見を多く集めたいのであれば、別途市民ワークショップなどを企画し、より多くの市民を集めて開催すれば事足りるのです。

　例えば、民主主義の最大のプロセスである選挙を経て当選した首長の公約とまったく反対する市民、もっと極端に言えば対立候補の応援をし

ていた市民が公募枠を埋めていたらどうでしょうか。「『審議会では市民の反対意見が多かった』ので、この公約事業は取りやめ」という話では済まないはずです。ときには大勢の仲間を呼び、傍聴席に陣取って無言の圧力どころか、その委員の発言に「そうだそうだ」と合いの手を入れたり、拍手を送ったり、その委員と反対の意見を言う人に対し、野次を飛ばしたりする場合もあるのです。自治体の附属機関である審議会の場でこのようなことをやられては公正な「審議」はできません。

さまざまな考え方の市民がいる中で、広く市民の共感を得て進めていくべきことにおいて、**声の大きい「自らの思い」先行型の委員に引っ張られてしまうことは「トータル」でマイナスになってしまいます。**思いの強い委員の意見に引っ張られた計画や方針が、多くの市民の賛同を得られるわけがありません。

目標達成に向けて実現可能な手段があるのかないのか、落としどころや着地点を公務員は判断しなければなりません。「目標は高く置け。あとは行政が何とかしろ」といった主張は往々にしてあります。多くの仲間を動員し、反対しにくい雰囲気を作ったうえで「審議会では反対の意見はなかった」と言われてしまうという事態まで想定が必要です。

したがって、**市民公募委員に何よりも求められるのはバランス感覚であり、運動論やイデオロギーではないことに留意が必要です。**

▶▶ 無作為抽出による公募委員登録制度

公募の審査としては「作文」が一般的ですが、無作為抽出による登録制度を導入することも一考です。

東京都三鷹市が2010年から導入していることで有名ですが、三鷹市の場合は無作為に抽出した18歳以上の市民1,000人に書面を送付し、登録を希望される方には「福祉」「環境」「教育」などいくつかの分野から2つまで関心のある分野の希望を届け出てもらいます。登録の有効期間は2年間で、その間に審議会の改選、欠員のタイミングがあれば、委員として登用される仕組みです。この仕組みにより、最初に作文を課して募集をかけるよりも、応募のハードルが下がるほか、これまで行政に

関わっていなかった方など幅広い市民の参画が期待できます。

　従来型の市民公募の制度では、どうしても**年齢や性別に偏りがある傾向**があります。具体的には、仕事をリタイアされた高齢男性が地域貢献のために応募していただくことが多くなる傾向にあります。女性や若い世代の応募は少ないのです。また、特定の市民の方が1つの審議会の任期を終え、次にまた別の審議会の公募委員として登用されることもしばしばです。「**どこかでお見掛けした方**」が多くなってしまうのです。そういった行政に強い関心を持つ方も大変貴重ではあるものの、より多くの市民に行政に関心をもっていただくことを考えると、無作為抽出で多くの方に参画してもらうのがよいでしょう。

　「1人の100歩よりも100人の1歩」とも言います。行政に関心を持ってくださる市民を増やすのです。

9 4 ◎…「タウンミーティング」の企画と運営

▶▶ 「説明会」と「タウンミーティング」の違いとは

首長の選挙公約等でよく見かけるフレーズとして「市民に開かれた行政」「透明な行政運営」「市民の声を聞く行政」「市民との対話」といったものがあります。これらを具現化する手法の1つとして、市民からの声を直接聞く「タウンミーティング」があります。

行政が行う政策や事業、計画策定の際にはしばしば「説明会」が行われます。「説明会」と銘打つものは、その名のとおり「説明」がメインです。行政側がまず事業や政策、あるいは計画の説明を行い、質疑応答や参加者からの意見を聞く、理解を得るといったスタイルです。

一方、「タウンミーティング」は「説明会」とは異なり、メインは説明よりも市民との対話、意見交換になります。行政が最初に「説明」というよりは端的に「話題提供」を行い、市民との対話、意見交換の時間を長く設けるのが特徴です。

▶▶ 集客に感じる LINE の可能性

この手の企画の最大の課題は集客です。テーマによってはほとんど市民が集まらず、行政のスタッフの方が多い、といったことはざらにあります。議員にも情報提供を行うのが通例のため、いざ蓋を開けてみると、市民は誰も来ず、来たのは議員ばかりだったという事態も起こり得ます。

過去に1度だけ、開始30分を経過しても誰も参加者が来ず、撤収を余儀なくされた経験があります。テーマは「基本計画」で、全部長級の職員を説明員として動員していたため、事務局として気まずい思いをし

ました。

　人が集まらない要因として、周知不足が挙げられる場合がありますが、経験上必ずしもそうではありません。周知の手段としては、広報紙、ホームページ、最近では各種SNSといったところでしょう。地域の掲示板や自治会の回覧板も活用できますが、現役世代はほとんど見ません。

　最近、最も可能性を感じるのはLINEを使用した広報です。新型コロナウイルスワクチン接種では、LINEをプラットフォームにした自治体が多数ありました。一気に行政のLINE利用が進み、市民側も慣れ親しんだように感じます。タイムライン型のSNSでは流れていってしまうものでも、**LINEのようなプッシュ型は比較的見られているようで、LINEで広報した後にはイベントにしても各種申請にしても応募が増える傾向にあります**。また、当然ながらLINEでヒットする層は普段行政が求めている20代〜40代の層が多いのも特徴です。

▶▶ お勧めしたい「首長と語るタウンミーティング」

　一方で、首長が出席するとなると間違いなく参加者は一気に増えます。「首長に一言物申したい」「首長が来るのなら行ってみよう」と思う方が一定数いるためです。したがって、**「首長と語るタウンミーティング」と題すれば、事務方職員だけで行うタウンミーティングよりも確実に人が集まります**。首長が出席する場合、各地域を首長が順番に回る企画を立案すれば、各地域特有の課題を市民から直接聞き取れるメリットがあります。

　政治家である首長にとっても、直接市民と対話を行うことができるため、絶好のアピールになります。ただし、この場合は小さな話から大きな話まで多岐にわたる要望が首長に寄せられるほか、事務局を担う課（主に企画政策担当や秘書担当、広聴担当など）が常に帯同することになるため、首長と事務局担当課の双方に負担が大きくなります。

　そこで推奨したいのは**「テーマ設定型タウンミーティング」**です。「首長と語る『子育て支援』」「首長と語る『地球温暖化対策』」など、毎回具体的なテーマを設定するのです。首長に出てもらうことに変わりはな

いものの、各部持ち回りでテーマを設定したうえで実施するため、企画政策担当は帯同する必要がなく、とりまとめのみを行えば済みます。**当日の運営は担当課に任せることができ、首長自身もひとまずその日は１つのテーマのみとなるので準備もしやすいのです。**

　最初の20分〜30分程度で資料を用いた説明を行い、以降は会場に集まった市民と首長の意見交換に充てます。事務方はパワーポイント等で資料を作成し、事前に首長レクを行います。読み原稿まで作るかどうかはその首長次第になります。

▶▶▶ 「絶対に言わないでほしいこと」をレクしておく

　一点、気をつけたいポイントは首長に「ぜひ言ってほしいこと」ではなく、「絶対に言わないでほしいこと」のほうを強調してレクを行うことです。**政治家である首長は、どうしてもリップサービスしがちです。**多くの市民が集まれば集まるほど饒舌になることもあります。その際に、ついついこちらが言ってほしくないところまで踏み込んで言ってしまうことがあるのです。情報解禁前のことや、まだ細部まで詰め切れていないことを口にされてしまい、事務方が真っ青にならないように事前に調整しておくことが重要です。

　これはタウンミーティングに限らず、定例記者会見等でも同様です。

9│5 ◎…パブリックコメント
の罠に嵌らない

▶▶▶ パブコメの意見は市民の多数派？

　市民意見を集める手法として、現在最も一般的ともいえる手法が「パブリックコメント（パブコメ）」です。その実施目的は、重要な政策や計画の策定等を行うプロセスにおける透明性の向上や市民参加の促進です。多くの自治体でその手続きについて条例、規則あるいは要綱によって定められています。

　ここでは、その手続きの中身ではなく、パブコメに対する正しい理解を深めてください。例えばパブコメを募集した際、行政側の政策に反対意見が相次いだとします。この結果に動揺してしまうのは、実はある種の罠に嵌っているようなものです。なぜなら、「パブリックコメントの意見は市民の多数派か？」という問いに対する答えは明確に NO だからです。パブリックコメントは住民投票ではありません。したがって、賛成・反対の票数や割合をカウントする必要はありません。むしろ、数字を示すと、見た人に誤った認識を持たせることになります。賛否の票数や割合は、あくまでもこのパブリックコメントに対して意見を寄せてきた人たちの中での票数、割合です。意見を寄せなかったいわゆる「サイレントマジョリティ」の意見はまったくカウントされていないのです。

　実際に過去にはこんな事例もありました。とある計画に対し、不満をもった市民団体が SNS で呼びかけを行い、彼らの主張をいわゆる「コピペ」したような意見が大量に寄せられたのです。そのほとんどは国立市とは何ら関係性のない市外在住の方からでした。昨今の SNS 全盛時代ではこのようなことは容易に可能です。いささかこれは極端な例かもしれませんが、賛否の数や割合を判断基準にしてはならないのです。

▶▶▶ 意見を採用すればするほど市民参加を重視している？

　この問いに対する答えも NO です。地方自治は間接民主制です。行政への市民の意思の反映については、選挙で選ばれた議会や首長が中心的役割を担っています。**そもそも多種多様な市民ニーズをすべて取り入れることは不可能**です。また、市民同士も政治を見てわかるとおり、さまざまな事柄に対して容易に対立構造が生まれます。だからこその間接民主制なのです。首長選挙、議員選挙において市民が多数派を形成し、代表を選んでいるのです。このことがまず大前提になります。

　よって、市民から寄せられた意見については、**行政側が取り入れることで市民福祉の向上のつながると判断したものだけを採用し、市民から選ばれた首長や議会に認めてもらえばよい**のです。意見募集を行い、採用すべき意見がなかったとしても、それは市民参加を軽視したことにはならず、反対に採用すればするほど市民参加を重視したことにもならないのです（有益な意見が多数の場合は別です）。

　もちろん、寄せられた意見の中には我々公務員が気づかない視点、市民ならではの有益な意見や、マイノリティならではの尊重すべき意見が含まれていることもあるため、**採否の検討は丁寧に行うことが必要**です。また、採否の理由についても明確に公表することが意見を寄せてくださった方々への誠意です。

◎…多くの人を巻き込む市民参加・意見聴取

▶▶ 総合計画における市民参加の必要性

　総合計画は自治体の最上位計画であり、計画期間も長く「まちの将来像」を定めるため、なるべく多くの市民参加を得る努力が必要です。

　なぜ総合計画に多くの市民参加が必要なのかについては、①**市民ニーズの把握**、②**協働の推進**、③**利害調整**の３点が挙げられます。

　①は言わずもがなですが、年々多様化・複雑化する市民ニーズについて、現場の肌感覚だけではなく、さまざまなチャンネルを用意して把握することが求められます。市民の生の声を反映し、施策に活かすのです。

　②ですが、まちづくりは行政の力だけでは限界があるため、市民との協働が必要です。総合計画策定の過程において、多くの市民に参加をしてもらうことで行政と市民との相互理解を深めるねらいがあります。

　最後の③は、実はこれが非常に大きなことだと感じています。②の相互理解にも含まれますが、「**すべての要望をかなえることはできない**」ことをわかってもらうのです。市民の関心はどうしても自らに関係のあることに偏りがちです。高齢者は高齢者福祉の充実を望み、子育て世代は子育て施策や教育の充実を望みます。交通不便地域の市民はコミュニティバスを求め、狭隘道路沿道の市民は道路の拡幅や一方通行化を求めます。これは当然のことなのです。総合計画の策定では、「まちの将来像」を展望し、その実現に向けてマクロな視点で議論をしてもらいます。その中で、**限りある財源をどこにどれだけ分配していくのか、まちの将来にとってこの10年間で優先すべきはどこにあるのかを市民同士、または市民と行政とで互いに理解を深めてもらう**のです。

　対外的観点からも多くの市民参加は必要です。対外的とは、主に対議

会を意味します。議会の議決を得るためには「これだけ市民の意見を集めました」「多くの市民の意思が反映された計画です」と説明する必要があります。どの程度の市民参加で「足りる」「足りない」を判断するのかはその議員次第にはなりますが、**「多くの市民の声が集まっている」計画を否決するのはなかなか難しい**ものです。

▶▶ 市民参加の手法

　国立市が第5期基本構想第1次基本計画を策定する際に行った市民参加の手法を紹介します。

①学生懇談会

　国立市内に在住、または市内の大学・専門学校等に在学する大学生・専門学校生等を対象に参加者を募り、27名が参加。「若者が定住したくなる街」をテーマにグループ討議をしてもらいました。

　まず「若者が定住したくなる街の要素」を挙げてもらったのですが、興味深かったのは各グループとも「治安が良い」が上位に入っていたことです。防犯面はもちろんのこと、静かな住環境で、夜でも街路灯がしっかりと街を明るく照らすことがニーズとして高かったのです。「賑わいのある街」などが上位に来ると思っていたのでこれは意外でした。

　「若者が定住したくなる街の実現に向けた強み・弱み」についての議論では、弱みの部分で「都心から遠い」が挙げられました。例えば、新宿まで行くのに電車で2ルートありますが、いずれも最速30分程度です。しかし、若者にとっては遠いと感じられ、これは国立市の力ではどうにもなりません。であるならば、**そのデメリットを越えるメリットがあるまちづくりをしなければならない**わけです。このような若者ならではの感覚を知ることができるのはこうした場だからこそです。

②地域懇談会

　自治会長等を対象に、「地域から考えるまちづくり」をテーマとしたグループインタビューを実施。小学校区ごとにグループを組んで、地域

の課題を聞き取り、解決策を話し合ってもらいました。インタビュアーは管理職が務め、地域の課題を直接聞き取るとともに、地域で解決できない課題について行政のできること、できないことを伝えて相互理解を進めました。また、希望する自治会には企画政策担当が直接出向き、市民と対話を行いました。

③団体懇談会

　市内で活動する各種団体代表者を対象に、「団体専門分野の将来課題」をテーマとしたグループインタビューを実施。分野を「産業・観光振興関連、地域金融関連」「医療・福祉関連」「教育関連」「まちづくり関連」の４分野に分け、②同様にインタビュアーは管理職が務めました。

　それぞれの専門分野で活動する方々ならではの課題や問題意識を聞き取り、行政の施策に活かすべく意見交換を行いました。

④市民ワークショップ

　住民基本台帳から無作為抽出した市民 2,500 人に案内状を送り、趣旨に賛同していただいた方 32 名によるワークショップを行いました。参加者に関心のあるテーマを選んでもらい、６グループ（「健康づくり・福祉」「子育て・教育」「生涯学習・文化・産業」「防災・防犯・地域コミュニティ」「都市基盤」「環境」）に分けグループワークを行い、その結果を「市への提言」としてまとめました。

　初回は、**SWOT 分析**の手法で「国立市の強み・弱み」を洗い出してもらいました。SWOT とは、Strength（強み）、Weakness（弱み）、Occasion（機会）、Threat（脅威）の頭文字を取ったものです。

　第２回は初回に洗い出した強みと弱みをもとに「強みを伸ばし、弱みを改善する基本的取組み」について検討。第３回は２回目の検討の中から目玉の取組みを中心に提言の取りまとめを行い、最終回には実際に市長に対してプレゼンテーションを行ってもらいました。

　グループワークでは若手職員がファシリテーターを務めました。「『国立が好きだ』と言う人が、いつまでも国立を好きでいてもらえるようなまちづくりをしたいと感じた」などの感想が聞かれ、職員のモチベーショ

ンアップにつながりました。

⑤中学生「未来のくにたち」作文コンクール

　若い世代の率直な街への想いを聞き、基本構想の策定に反映させることを目的に、市内在住・在学の中学生から作文を公募。夏休みの選択課題の1つにしてもらうことで、多くの中学生に関心を持ってもらえるよう試みました。入選した作文は冊子の巻末に収録しました。

⑥世論調査・満足度調査（優先度調査）・意識調査

　国立市では基本計画改定時に世論調査を行っています。世論調査の中には施策の満足度調査（優先度調査）も含まれています。それとは別に、毎年度市民意識調査を行っています。意識調査は施策の指標の達成度等を把握するために行っています。どちらの調査も無作為抽出により3,000人の市民に送付し、おおむね30％～40％の回答率になっています。

⑦パブリックコメント

　基本構想案・基本計画原案にて実施しています。34名の方からのべ98件の意見をいただきました。その取扱いについては9－5を参照してください。

⑧基本計画タウンミーティング

　基本計画原案について市内4か所でタウンミーティングを行い、案の説明と意見交換を実施。出席者は企画政策担当と部長職で行っています。

⑨基本構想フォーラム

　基本構想素案の説明とパネルディスカッションを行いました。パネリストは市長、基本構想審議委員会の会長と委員2名の計4名です。また、⑤の中学生作文の表彰式もこの場で行い、101名の参加がありました。

▶▶ 市民参加の留意点

　特に①〜④に関することですが、無事に終わったら終わりではなく、参加者の方々に、**計画策定の進捗や議論したことが「どう活かされたのか」を伝えること**が重要です。

　広報紙やホームページでお知らせするだけでなく、せっかく参加して下さった方々には丁寧に個別にお知らせするなど手厚くフォローしたほうがよいでしょう。**行政に関心がある市民を増やすには「自分たちの声が行政に届いた」体験をしてもらうことは大きい**ものですし、アフターフォローがあることで参加後の満足度も高まります。

　実際に、市民参加の成果を計画に書き込んでいく際には、文言をズバリそのまま直接的に取り上げることはなかなか難しいのが現実です。提案の趣旨を汲んだ施策や事業でも、ある程度抽象化された形になりがちで、参加者が見ても「これは私たちの提案した事業だ」「議論した内容が活かされた」とはわからないものです。このため、例えば施策のページに関連する市民からの提案をコラムのような形で挿し込んでいる自治体もあります。そのような見せ方の工夫も必要です。

　⑥世論調査・満足度調査・意識調査においては、全体集計よりもクロス集計をしっかりとチェックするようにします。すでに述べたとおり、市民の関心はどうしても自らに関係のあることに偏りがちです。高齢者は高齢者福祉の充実を望み、子育て世代は子育て施策や教育の充実を望む傾向にあります。また、この手の調査はおしなべて高齢者の回答率が高くなる傾向にあります。よって、**年代別や性別ごとの結果がどうなっているのかをしっかりと分析する必要があります。** ここをしっかりと見なければ、いわゆるシルバー民主主義に加担してしまうことになりかねません。

　また、満足度調査や優先度調査についても同様に、年代や属性によって大きく受け取り方は異なります。よって、**大切なのはその施策の「どこに不満があるのか」を確認すること**です。市民は何が不満なのか、何が足りていないのか、どんな支援を欲しているのかを知り、施策に活かしていくことが必要なのです。

第9章　市民参加の手法

229

おわりに

　最後までお読みいただき、ありがとうございました。

　執筆のお話をいただいたとき、企画政策担当は本当に守備範囲が広く、形のない仕事も多いので、本にできるイメージがまったく湧きませんでした。自治体によって担当する業務も少しずつ異なるため、一般化するのが難しいことが、類書がない理由だと感じたのです。10年間の経験はあったものの、軽々にお引き受けするわけにもいかず、悩みに悩みました。

　一方で、ここ数年、「そろそろ人を育てなければならない」と強く思い続けながら、行動に移せていないことが心の中で引っかかっていました。私自身、これまでの人生で師と仰ぐ方々に出会い、育ててもらってきました。そういった方々への恩返しの意味も含めて、年齢的にもそろそろ自分も人を育てる側に回りたいと思っていたのです。

　高校時代の野球部監督である島崎弘和監督は、甲子園出場経験を持ち、社会人野球の名門でご活躍された方でした。卓越した野球理論と技術を教えていただきましたが、残念ながら私には体得できるセンスがありませんでした。高校野球を終えた際にいただいた「お前たちは『高校野球』においては敗者だ。だけど、俺はそんなことはどうでもいいと思う。お前たちには人生の勝者になってほしい」という言葉は今も胸に残っています。

　大学時代はジャーナリストを目指して藤田博司ゼミで学びましたが、紆余曲折の末に公務員になりました。先生の最終講義と退官祝賀会では司会を務め、喜寿のお祝いでも幹事の一員として名を連ねました。会の最後に、何も恩返しをできていないことを詫びると、「そんなことはどうでもいいじゃないか。今、君は国立市役所の中枢で頑張っているんだから。それで十分だよ」と言っていただきました。その1週間後に先生は急逝され、これが先生との最後の会話になってしまいました。

　国立市役所に入ってからは、現在の永見理夫市長に若い頃から鍛えられました。入庁2年目のときに始業前の7時30分から開かれていた勉

強会は、当初は 20 人ほどいた参加者が、1 人減り、2 人減り、最後は 4 人しか残りませんでしたが、そのうちの 1 人が私でした。私の公務員としての基礎はこのときに叩き込まれたもので、その後も折に触れて教えを乞うてきました。市役所における師匠は永見市長です。

そして、本書でも登場する故・佐藤一夫前市長は、市役所の父ともいえる大きな存在でした。企画政策担当として全幅の信頼を寄せていただき、本当にさまざまな仕事を任せていただきました。多くの時間を共にし、常に厳しくも暖かい空気で包んでくださっていました。志半ばでお亡くなりになったことは、今でも残念でなりません。新型コロナワクチン接種事業を担当していた際、繁忙期のピークに心身ともに限界を感じることがありました。そんなとき、佐藤前市長が夢に出てこられました。どなたかに「黒澤に任せておけば大丈夫ですよ（ガハハ）」と笑っておられたのです。目が覚めて、奮い立ちました。

私はまだまだ恩師たちの足元にも及ばない、一介の公務員です。しかしながら、**「自分の経験を本にまとめることで、次世代を担う全国の企画政策担当の方々の成長をお手伝いできれば」**と、最後は腹を括って執筆することを決めました。

案の定、形のない企画政策担当の仕事は喋るのは簡単でも文章にするのは本当に難儀で、途方に暮れたときもありました。一方で企画政策担当を離れた今、改めて実感することもありました。それは、**企画政策担当の庁内に対する影響力は絶大**だということです。皆さん次第で自治体運営が傾いてしまうこともあるのです。

皆さんは本書を参考にしながら、皆さんの自治体の市民の幸福と、将来市民のことを考え、仕事をアレンジしていってください。本書が皆さんの悩みや不安を軽減し、モチベーションの向上につながるとともに、少しでもご自身の成長につながったのであれば、私にとってこの上ない喜びです。

それが、私なりの恩師たちへの恩返しにつながるのですから。

2024 年 4 月

黒澤 重徳

●著者紹介

黒澤 重徳（くろさわ・しげのり）

国立市生活環境部長兼行政管理部防災安全担当部長
1976年生まれ。上智大学文学部新聞学科卒。民間企業勤務後、精神保健
福祉士を取得し2002年国立市入庁。生活福祉課、地域防災課を経て、政
策経営係長（3年）、特命担当課長（1年）、政策経営課長（6年）の計
10年にわたり企画政策担当の業務に従事。2020年より現職。地域防災計
画、耐震改修促進計画、総合計画、地方版総合戦略、定員管理計画、行
財政改革プランの策定のほか、行政評価、公共施設マネジメント、ふる
さと納税、都市間交流、新型コロナワクチン接種の業務を経験。立教大
学、東京都市町村職員研修所等で講師を務める。自治体学会評議員、明
治大学専門職大学院ガバナンス研究科在学中。

自治体の企画政策担当になったら読む本

2024年4月23日　初版発行
2024年9月20日　2刷発行

著　者　黒澤 重徳（くろさわ　しげのり）

発行者　佐久間重嘉

発行所　学 陽 書 房

〒102-0072　東京都千代田区飯田橋1-9-3
営業部／電話　03-3261-1111　FAX　03-5211-3300
編集部／電話　03-3261-1112
http://www.gakuyo.co.jp/

ブックデザイン／佐藤　博
DTP製作・印刷／精文堂印刷　製本／東京美術紙工